フリーラン
個人事業主のための

2025年対応!

確定申告

山本宏税理士事務所 税理士 **山本 宏**●監修

青色申告 白色申告

どちらも使えます！

技術評論社

JN036895

本書は青色申告と白色申告の両方に対応していますが、税制面で優遇されているのは青色申告です。できれば青色申告をお勧めしますが、それにはあらかじめ「所得税の青色申告承認申請書」を提出している必要があります。

申請期間は開業日によって異なります。令和6年分（令和7年3月締切分）の確定申告を青色申告で行えるかどうか、以下のフローチャートで判断してください。青色申告が可能であれば行いましょう。今年は白色申告になる場合でも、来年から青色申告を行うには期間内に忘れずに申請書を提出しておきましょう。

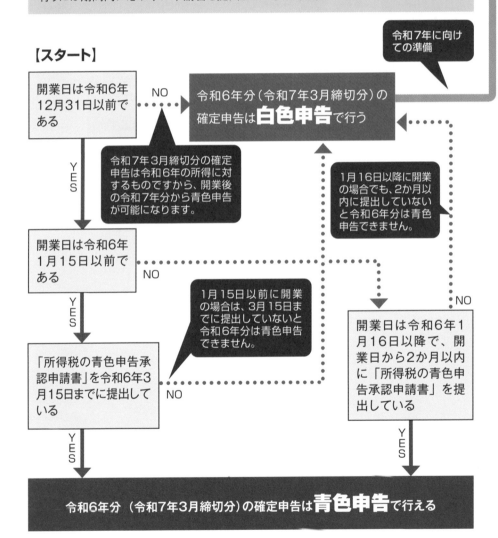

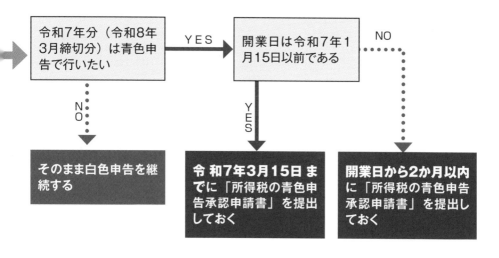

令和7年分（令和8年3月締切分）は青色申告で行いたい

→ YES → 開業日は令和7年1月15日以前である

→ NO →

↓ NO

そのまま白色申告を継続する

↓ YES

令和7年3月15日までに「所得税の青色申告承認申請書」を提出しておく

開業日から2か月以内に「所得税の青色申告承認申請書」を提出しておく

本書の特長 → → →　　← ← ←

自分が青色申告できるか白色申告なのかを判断できたら、さっそく本書を読んで確定申告の手続きを進めてください。本書の特長は以下のようになっています。

▶ 知識に応じて必要な情報がすぐ得られる

本書は三部構成です。第一部では、確定申告に役立つ基礎的な会計知識を説明しています。はじめての人は、まず理解しておいてください。第二部では、実際の書類の作成から申告までの手順を解説しています。すでに確定申告の知識や経験があり、すぐに書類を作成したい人は、ここから読んでもかまいません。第三部では、確定申告後に実行や検討すべきことについて説明していますので、今後の税金対策の参考にしてください。

▶ どこに何を記入すればいいのかがひと目でわかる

昨年の実際の申告書を使った記入例を掲載し、注意すべき項目は色で示してポイントを解説してあります。提出書類のどこに何を記載すればいいのかがひと目でわかり、無駄なく手早い書類作成が可能です。

▶ 必要経費の科目が早見表ですぐわかる

巻末には、付録として必要経費の主な勘定科目について解説しています。また、支払いから勘定科目を探せるように早見表をつけました。

第一部　個人事業主として確定申告をするための会計知識

STEP 1　確定申告の基本

STEP 2　青色申告に必要な準備をしよう

第二部　確定申告書の作成

STEP 5

「所得から控除できる金額」を把握する

STEP 6

所得税額を確定する

STEP 7

青色申告決算書／白色の収支内訳書の作成

STEP 8

確定申告書を作成しよう

第三部　申告後の手続きと法人化

STEP 9 申告後の手続き

STEP 10 個人事業主から法人に

APPENDIX 確定申告用勘定科目

第一部

個人事業主として確定申告をするための会計知識

「何のために確定申告をするのか？」
これを理解しておくことが大事です。特に、はじめて確定申告の手続きをする人や、青色申告をしようと思っている人は、第一部の内容をしっかりと把握しておいてください。

STEP 1
確定申告の基本

なぜ確定申告をするのか?

POINT ➡ 個人事業主やフリーランサーと呼ばれる人たちは、基本的に確定申告をしなければなりません。まずは何のために確定申告が必要なのかを理解しておくことが大事です。

チェック
☑ □個人事業主、フリーランサーとして収入がある人は確定申告をする
□確定申告をする理由を理解する

1 確定申告は所得税を納めるための手続き

確定申告は、「所得税」を納めるために必要な手続きです。

会社員の場合は毎月給料から所得税が「源泉徴収」され、そして年末に「年末調整」を行うことで所得税の納税手続きが完了しています。つまり、実際の手続きはすべて会社がやってくれているのです。

だから自分でやることといえば、年末調整のときに「所得控除」を受けるための手続きをする程度で、個人的に支払った生命保険や地震保険の額を年末調整用の用紙に記入し、支払証明書とともに会社に提出すれば済んでしまう人がほとんどです。

ところが個人事業主やフリーランサーの場合には、所得税を納めるために必要な手続きのすべてを自分で行います。この手続きを「確定申告」といい、確定申告をすることで、所得税以外の「住民税」や「健康保険料（国民健康保険税）」などについても別途あらためて手続きをすることなく、それぞれの申告をしたことになります。

2 税金を納めること以外の用途もある

所得税や住民税といった税金を納めるために確定申告をするのですが、確定申告をすることによって、以下のようなメリットもあります。

➡ 払いすぎている税金があれば返してもらえる

取引先から仕事の報酬が振り込まれたときに、10.21％（または20.42％）の源泉徴収をされた金額が振り込まれる人がいます（▶STEP 1-4 を参照）。あるいは、今年の所得税の前払いとして「予定納税」をしている人がいます（▶28ページ を参照）。このような人たちが確定申告をした結果、「所得控除」や「税額控除」を受けることにより、これまでに納めている税金が多すぎたという結果になることがあります。所得控除と税額控除については ▶STEP 5 ▶STEP 6 で解説します。

確定申告をすることで、この余分に支払っていた税金を返してもらえます。払いすぎている税金を取り戻すための確定申告を「還付申告」ともいいます（▶STEP 1-5 を参照）。

➡ 年収を証明する書類を取得するため

住宅ローンや自動車ローンなどの一般的なローンを申し込むときには、その人の年収を証明できる書類が必要です。会社員の場合は、年末調整を行うと会社からもらえる「給与所得の源泉徴収票」がこの証明になります。

個人事業主やフリーランサーにとっての収入の証明書は、市役所などが発行する「所得証明」です。この「所得証明」を得るためには、確定申告が必要です。

➡ 赤字を翌年以降に繰り越すため

確定申告を「青色申告」という方法で行う場合には、その年の赤字を翌年以降に繰り越すことができます。

赤字で納めるべき所得税がないからといって確定申告をしなかったり、青色申告ではなく手続きが比較的簡単な「白色申告」で確定申告を行った場合には、赤字を翌年以降に繰り越すことができません。

青色申告と白色申告については ▶STEP 1-6 で解説します。

所得税のしくみ

POINT ▶ 収入のある人は、その所得に対しての所得税を納めなければいけません。どのようにして所得税額が決められるのかを把握しておきましょう。

✓チェック
- □ 収入と所得の違いをおさえる
- □ 所得税の決められ方を理解する

1 「収入」と「所得」は別のもの

　個人事業主やフリーランサーが稼いだお金は「収入」と呼ばれ、1月1日から12月31日までの1年間に得た収入のことを「総収入金額」といいます。これは所得税を計算するための大切な金額になります。

　例えば飲食店や雑貨店を経営している個人事業主ならば、1年間の売上総額が、この総収入金額になります。

　これに対して「所得」とは、総収入金額から「必要経費」を差し引いた金額です。飲食店経営者なら、仕入れの費用や水道光熱費などの必要経費を差し引いた額が、所得になります。

2 所得税はどうやって決められるのか?

　所得税は、1年間の所得に対して課せられる税金です。

　個人事業主やフリーランサーの場合、営む事業で得た所得は「事業所得」という種類に分類されるので、「1年間の総収入金額−1年間の必要経費=事業所得の金額」という計算によって、所得税の課税対象となる「所得金額」が決められます。事業所得の場合、1年間の収入が同額であっても、必要経費の額が違うと所得税額が変わります。

　収入を得るためには、どうしても支出しなければいけない費用が発生します。その費用を必要経費としてきちんと記録し、領収書などをその証明として保管しておくことが、正しく税金を納めるための基本になります。

①収入金額

個人事業主やフリーランサーなら事業で得たお金、不動産オーナーなら家賃収入など、1年間に手にしたお金の総額です。所得税はこの収入金額ではなく、以下の「所得金額」を基本に考えます。

②所得金額

「収入金額」から「必要経費」を差し引いたものです。必要経費は、個人事業主が事業を営むために必要な費用のことです。

③課税される所得金額（課税所得）

必要経費以外に、所得金額からさらに差し引くことができる「所得控除」というものがあります（▶STEP 5 を参照）。所得控除は14種類あり、該当する所得控除をすべて差し引いたあとの金額が「課税される所得金額（課税所得）」です。この課税所得によって、課税するための税率なども決まります。

④納税額

「課税される所得金額」に、あらかじめ定められた税率を掛けたものが「納税額」です。課税される所得金額が多い人ほど税率は高くなり、納める税金も多くなります。

⑤申告納税額

最後に「納税額」から、「税額控除」（住宅ローン控除や配当控除など）を差し引きます（▶STEP 6 を参照）。こうして求められた最終的な金額が「申告納税額」になり、確定申告の提出最終日と同じ3月15日までに税務署に納付します。

収入から差し引かれる金額
（必要経費）

①収入金額

会社員なら給料の全額（支払金額）、個人事業主やフリーランサーなら事業で得たお金、不動産オーナーなら家賃収入など、1年間に手にしたお金の総額が「収入金額」。所得税はこの収入金額ではなく、②の「所得金額」を基本に考える。

②所得金額

「所得金額」は、「収入金額」から「必要経費」や「給与所得控除」を差し引いたもの。基本的に、この所得金額が多ければ納税額は多くなり、少なければ納税額は少なくなる。必要経費は個人事業主が事業を営むために必要な費用のこと。給与所得控除は会社員の必要経費のようなものとして、収入金額に応じて額が決められている。ちなみに「控除」とは「差し引く」という意味。

⑤申告納税額

最後に「納税額」から直接差し引ける「税額控除」がある。住宅ローン控除や配当控除など、該当する税額控除があれば、それを差し引いた最終的な金額が「申告納税額」になる。源泉徴収などで納付済みの税金が申告納税額よりも多くなった場合は、還付申告を行うことで、払いすぎになっている分の税金が戻ってくる。

税金から差し引かれる金額（税額控除）
※令和6年は、定額減税として3万円の税額控除がある

③課税される所得金額（課税所得）

必要経費や給与所得控除以外に、所得金額から
さらに差し引くことができる「所得控除」があ
る。所得控除には、医療費控除や配偶者控除、
社会保険料控除など14種類の控除がある。所
得控除を差し引いたあとの金額が「課税される
所得金額（課税所得）」。この課税所得に応じて、
課税するための税率などが決まる。

課税所得

所得から
差し引かれる金額
（所得控除）

納税額

税率

④納税額

「課税される所得金額」に定められた税率を掛け
たものが「納税額」になる。課税される所得金額
が多い人ほど税率は高くなり、納める税金も多く
なるのが原則。「税額控除」がなければ、この納
税額が最終的な申告納税額になる。平成25年分
の所得から、個人には「復興特別所得税」が課
せられている。復興特別所得税は、所得税額の
2.1％。

主な税金の種類

POINT ▶ 個人事業主やフリーランサーが納めるべき税金は、所得税だけではありません。ほかにも住民税、国民健康保険税、個人事業税、消費税などがあります。

☑チェック
- □所得税以外の納めるべき税金の種類と内容を理解する
- □個人事業税と消費税を納める必要があるか確認する

1 個人事業主やフリーランサーが支払う税金とは

　個人事業主やフリーランサーは、自分が支払う所得税額を計算し、確定申告をして、それを自分で支払います。しかし、所得税以外にも個人事業主やフリーランサーが支払う税金として、住民税や健康保険料（国民健康保険税）、個人事業税、消費税などがあります。これらの税金の中には、総収入金額や課税所得金額によって納める額が変わるものがあります。また、住んでいる地域によっても異なりますので、どの税金をいくらくらい支払う必要があるのか、あらかじめきちんと確認しておきましょう。

①所得税

　所得税は、1年間に得た所得に課せられる税金です。基本的には確定申告をして納めるものですが、会社員だけは毎月の給与から源泉徴収されて、会社が代わりに支払います。1年間のすべての所得の合計から医療費控除などの所得控除を差し引き、残りの課税所得に税率を適用させて所得税が決まります。このときに適用される税率は「超過累進税率」といって、所得が高くなるのに従って段階的に高くなります（▶118ページ を参照）。

②住民税

　住民税とは、所得に課せられる「市町村民税」と「都道府県民税」のことを指します。確定申告を済ませれば住民税の納税手続きはいっさい不要

で、自治体が計算してくれます。支払いは6月頃に送られてくる納付書を使って行います（会社員は、所得税と同様に会社が毎月の給与から天引きして代納している）。納付は、4回の分納か一括で納めます。

③健康保険料（国民健康保険税）

保険料も、所得によって変わります。特に国民健康保険税は地方税（市町村民税）のひとつなので、所得が同じであっても住んでいる自治体によって税額（保険料）が異なります。また、40歳以上の加入者は、医療分だけでなく「介護分」の保険料も支払うので、その分だけ保険料が高くなります。

④個人事業税と消費税

個人事業税は、「個人で事業を営んでいる人」に納税義務が発生するもので、法律で定められた70の業種に対して課税されます（ ▶226ページ を参照）。ただし、個人事業税を計算するときに、事業主控除として290万円を所得から差し引くので、所得（青色申告特別控除の控除前）が290万円を下回っている場合には、個人事業税はかかりません。

| 個人事業税 ＝ | （所得－事業主控除290万円） | × | 税率 |

また、個人事業税を納付した場合には、仕訳を「租税公課」という勘定科目で行います（ ▶228ページ を参照）。個人事業税は事業にかかわる税金なので、経費として計上できます。

消費税は、原則として前々年の消費税の対象になる売上が1,000万円を超えた個人事業主が支払います。ただし、消費税のインボイス制度によって適格請求書発行事業者となった個人事業主は、前々年の消費税の対象になる売上が1,000万円以下でも消費税を支払います（ ▶STEP 8-7 を参照）。

源泉徴収のしくみ

POINT 　源泉徴収といって、支払いの際に「所得税の前払い」がされていることがあります。個人事業主やフリーランサーは、前払いした所得税を確定申告によって精算します。

チェック
- [ ] 源泉徴収された所得税額を確認する
- [ ] 源泉徴収された所得税は、確定申告をして精算する

1　事業収入の種類によって所得税は源泉徴収される

　給与や報酬などを支払う企業は、支払いを受け取る個人に代わって、その個人が納める所得税を納付します。これを源泉徴収といいます。「税金の天引き」などといわれるのが、この源泉徴収です。

　会社員の場合は収入が「給与収入」になりますので、毎月の給与から所得税が源泉徴収され、年末調整を行って納めるべき正しい所得税を確定させます。

　個人事業主やフリーランサーの場合は収入が「事業収入」となります。「その事業収入はどのような仕事なのか？」によって、源泉徴収されるものとされないものに分類されます。

　源泉徴収される主な収入は以下の8つです。

❶ 原稿料、講演料、デザイン料など

❷ 弁護士、公認会計士、司法書士等へ払う報酬

❸ 社会保険診療報酬支払基金が支払う診療報酬

❹ プロ野球選手、プロサッカー選手、モデル等に支払う報酬

❺ 芸能人や芸能プロダクションを営む個人に支払われる報酬

❻ 宴会等で接待を行うコンパニオンへ支払われる報酬

❼ 役務の提供を約することにより一時に支払う契約金

❽ 広告宣伝のための賞金や馬主に支払う競馬の賞金

　これらに該当する収入は源泉徴収されていますので、個人事業主やフリーランサーが請求した金額と実際に支払先から支払われた金額、そして1月になると支払先から送られてくる「支払調書」に記載されている金額を確認して、源泉徴収された所得税の金額を確定するようにしてください。

2 源泉徴収の税額

　源泉徴収される額は、支払われる額によって変わります。

❶ 支払われる額が100万円以下の場合
　……支払われる額×10.21％
❷ 支払われる額が100万円以上の場合
　……10万2100円＋（支払われる額－100万円）×20.42％

　小数点以下の0.21と0.42は、復興特別所得税に該当し、令和19年12月31日までの間に生じる所得について徴収されます。源泉徴収される収入がある場合には、源泉徴収されたものとされていないものを整理して確定申告をし、正しい納税額を納付します（あるいは、所得税額＜源泉徴収された所得税額の場合は還付を受けます）。

　源泉徴収される際に、個人事業主やフリーランサーが手続きを行うことは特にありません。やるべきことは、請求に対する支払金額と、支払調書に記載されている金額（支払金額と源泉徴収された所得税額）を確認し、間違いがなければその金額を参照しながら確定申告を行って、納めるべき正しい所得税額を確定させることです。

　確定した所得税額より源泉徴収された金額のほうが多い場合は払いすぎですから、確定申告によって払いすぎた所得税が還付されます。確定した所得税額より源泉徴収された金額のほうが少ない場合は、不足している所得税を確定申告によって納めます。

還付申告とは

POINT 確定申告をすることで所得税を納めるのではなく、逆に所得税が返還されることがあります。このような確定申告のことを還付申告といいます。

☑チェック
□源泉徴収や予定納税をしている人は、還付申告になる可能性がある
□確定申告をしないと還付金は受け取れない

1 所得税を納めるのか、還付されるのか

　個人事業主やフリーランサーが得た事業収入の中で、所得税が源泉徴収された事業収入があったり、あるいは予定納税（ ▶28ページ を参照）として所得税を納付していたりした場合、確定申告によって算出された納めるべき正しい所得税額が、すでに源泉徴収や予定納税などによって納めている所得税額よりも少なくなることがあります。つまり、所得税を納めすぎていることになっているので、確定申告をすることで納めすぎている所得税を返還してもらいます。

　このような形で税務署から返還される税金のことを還付金といい、確定申告をすると還付金を受け取れる場合の確定申告を還付申告といいます。令和6年分の確定申告が還付申告となる個人事業主やフリーランサーは、令和7年1月1日から確定申告書を提出することができます。早めに還付申告を行えば、その分、還付金を早めに受け取れます。還付申告となる個人事業主やフリーランサーは、早めに確定申告をすることをお勧めします。

計	所得税及び復興特別所得税の額 (⑭+⑭)	㊺			7	3	7	1	6	◀
	外国税額控除等	区分	㊼ ~㊻							
算	源泉徴収税額	㊽			2	6	0	0	0	
	申告納税額 (㊺-㊽)	㊾			4	7	7	1	6	
	予定納税額 (第1期分・第2期分)	㊿		1	0	0	0	0	0	
	第3期分の税額	納める税金	51						0	0	
	(㊾-㊿)	還付される税金	52	△		5	2	2	8	4	◀
	公的年金等以外の 合計所得金額	53								
	配偶者の合計所得金額	54								

「還付される税金」の欄に金額が入る場合は還付申告になるので、1月中の確定申告が可能
正月休みなど税務署の閉庁期間でも、郵送、e-Taxでの申告や税務署備えつけの時間外ポストへの投函は受け付けている

還付申告書も、通常の確定申告書と同じく住民票の住所を管轄している税務署に提出します。

2 年の途中で独立した人は注意

会社員の場合は、年末に会社が行う年末調整によって正しい所得税額が計算されます。

年の途中で会社を退職して個人事業主やフリーランサーとして独立した人は、会社員のときの給与収入が年末調整されていない状態になっていますので、確定申告のときに、会社員としての給与収入と個人事業主やフリーランサーとしての事業収入を合計し、正しい所得税額を計算します。

その際、退職時に会社からもらう「給与所得の源泉徴収票」が必要になりますので、なくさずに保管してください。

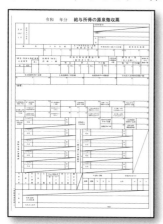

退職する際に、「給与所得の源泉徴収票」をもらう。会社員のときに源泉徴収された所得税額が記載されているので、確定申告時に参照する

3 還付金を少なく申告してしまった場合は

また、本来受け取れる還付金よりも少ない額で申告してしまった場合には、5年以内であれば更正の請求という手続きを行うことで、納めすぎになっている所得税の還付を受けることができます。

「青色申告」と「白色申告」の違いとは

POINT 確定申告には「青色申告」と「白色申告」の2種類の申告方法があります。どちらを選ぶかによって、手続き上の手間や申告書類の種類などに違いが出てきます。

チェック
- □ 青色申告は、手続きに手間がかかるが、納税上のメリットが多い
- □ 白色申告は、手間はかからないが、納税上のメリットが少ない

1 白色申告は税務手続きが簡単だが、納税面でのメリットが少ない

　白色申告は、事前に税務署へ届け出る必要がありません。また、平成25年までは一部の例外を除いて、帳簿類を厳密に作成する必要がありませんでした。金銭の出入りが算出できる程度の出納事務で済むため、手間がかからない点がメリットでした。

　ところが、平成26年からは、収入金額や必要経費などの日々の取引を記帳し、それに関連する請求書などの書類の保管が必要になりました。納税面では、青色申告であれば翌年以降に損失を繰り越せますが、白色申告にはこの特典がありません。

　白色申告のメリットがあまり感じられなくなってしまいましたので、所得の大小にかかわらず、確定申告は青色申告で行うほうがよいでしょう。

2 青色申告は厳密な税務手続きが求められる分、メリットが多い

　青色申告を選択するには、税務署へ「所得税の青色申告承認申請書」を提出しなければなりません（ ▶STEP 2-3 を参照）。また、青色申告では、「簡易簿記」あるいは「複式簿記」のどちらかの形式で帳簿を作成する義務が課せられます（ ▶STEP 2-4 を参照）。さらに、帳簿のもとになる領収書などの証書の保管も必要です。

　このような手続きの面倒さから、「青色申告は難しくてやりきれない」と敬遠されがちなのですが、その代わり白色申告とは比較にならないほど

多くのメリットが設けられています。

青色申告の最大のメリットは「青色申告特別控除」です。この控除を受けるには、複式簿記形式で帳簿を作成し、申告書類の「貸借対照表」を完成させて期限内に申告します。その場合に55万円の控除を受けることができます。さらに、e-Taxでの電子申告か、あるいは電子帳簿を保存する場合には、控除額が65万円になります。現在では、初心者でも会計ソフトなどを使えば、難解な複式簿記での帳簿作成がスムーズにできるようになっていますので、ぜひ挑戦してみてください。

また、「青色事業専従者」も大きなメリットです（ ▶STEP 2-6 を参照）。簡単にいえば、従業員として働いた家族に支払う給与を必要経費にできます（通常は、経費の水増しにつながるため、家族への支払いは経費とは認められません）。

白色申告でも「事業専従者」が認められますが、配偶者で86万円、その他の家族で50万円と上限が決められています。支払った給与額をそのまま必要経費にできる青色申告のほうが得なのは明らかです。

さらに「30万円未満の固定資産を一度に経費化できる」というのも青色申告ならではの特典です。

パソコンなどの10万円を超える備品は「固定資産」と呼ばれ、通常は何年かに分けて少額ずつ経費とする「減価償却」という形で処理しなければなりません（ ▶STEP 4-4 を参照）。

しかし、青色申告であれば、30万円未満の固定資産は一度に経費とすることができます（ただし、1年間の合計額300万円が上限です）。

経費として認められる支出が多くなれば所得は低くなり、それだけ節税につながりますから、これも大きなメリットといえるでしょう。

さらに詳しい説明は以降の該当箇所に譲りますが、青色申告は、その手間に見合うだけのメリットが十分にあるということを頭に入れておいてください。

確定申告に必要な書類

POINT ➡ 「申告書（第一表と第二表）」と「青色申告決算書」または「収支内訳書」という基本書類以外にも、所得控除などを受ける人はそのための証明書などを添付する必要があります。

☑チェック
- □「申告書」の第一表と第二表は必ず提出
- □青色申告者は「青色申告決算書」、白色申告者は「収支内訳書」を提出

1　令和4年分から申告書が統一

　確定申告をする会社員や公的年金を受け取っている人などが使っていた確定申告書の「申告書A」は令和4年分から廃止され、確定申告書は「申告書B」に統一されました。

　申告書Aは、自分の所得が「給与所得（きゅうよしょとく）」「雑所得（ざっしょとく）」「配当所得（はいとうしょとく）」「一時所得（いちじしょとく）」のみで、予定納税額がない人が使える申告書でした。個人事業主やフリーランサーなどの所得は「事業所得（じぎょうしょとく）」になるので、確定申告書は「申告書B」しか使えませんでしたが、今後は確定申告をする人は、誰もが申告書Bを使います。なお、統一にともなって「A」「B」の表記は申告書からなくなりました。

➡ 誰もが提出するのが第一表と第二表

　「申告書」は、第一表と第二表、そして添付書類台紙がひとつのセットになっています。

　第一表と第二表は、それぞれが複写式の2枚組になっています。1枚目が「所得税用」、2枚目が「自分の控え用」です。税務署に提出するのは第一表分と第二表分の1枚目と、添付書類台紙の計3枚です。

確定申告書

令和4年分から「申告書A」が廃止。確定申告書は「申告書B」に統一されました。

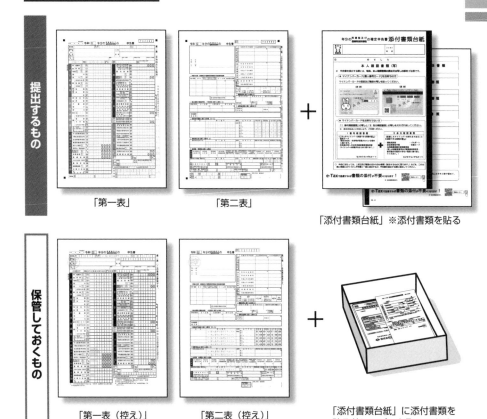

提出するもの

「第一表」　　　　　「第二表」

「添付書類台紙」※添付書類を貼る

保管しておくもの

「第一表（控え）」　　「第二表（控え）」

「添付書類台紙」に添付書類を貼る前にコピーを取っておく

➡ 第三表〜第四表は必要に応じて使えばいい

　申告書の第三表は、株式の売買益など「分離課税」される所得のある人が使います。分離課税とは、他の所得と合計せずに、その所得単体に課税されるものです。申告書の第一表と第二表のほかに、この第三表にも必要事項を記入して税務署に提出します。

　第四表は、原則として青色申告者だけが使えます。個人事業主として事業が赤字になってしまった場合に、第四表を作成して添付すれば、赤字を翌年以降に繰り越せます（▶STEP 8-5 を参照）。第四表を使えるのは、特定居住用財産の譲渡損失を除き、以下に該当する青色申告者です。

❶ 単純に所得金額が赤字である
❷ 災害や盗難によって資産に損害を受け、「雑損控除」（▶STEP 5-10 を参照）を所得金額から差し引いたら赤字になる
❸ 前年からの繰越損失額を控除すると赤字になる

　確定申告をしてから申告内容に間違いが見つかったり、所得税の額が増えるときに、以前は第五表を使用して「修正申告」をしていましたが、令和4年分から第五表が廃止されました。今後の修正申告には、申告書第一表と第二表を使用します。修正申告の際には、第一表の上部に「修正」と記入して提出します（通常の確定申告では、第一表の上部に「確定」と記入します）。

▶ 青色申告者は「青色申告決算書」、白色申告者は「収支内訳書」を提出

　「申告書」以外にも、確定申告のときに個人事業主やフリーランサーが提出しなければならない書類があります。それが「青色申告決算書」と「収支内訳書」です。

　「青色申告決算書」は、青色申告で確定申告をする個人事業主やフリーランサーなどが提出する書類で、表裏の用紙2枚からなります。

　「収支内訳書」は、白色申告で確定申告をする個人事業主やフリーランサーなどが提出する書類で、表裏1枚の用紙です。

　「青色申告決算書」と「収支内訳書」の作成方法は、▶STEP 7 で説明します。

青色申告決算書

青色申告をする個人事業主やフリーランサーなどが提出します。表裏の用紙2枚からなります。

1枚目

表 / 裏

2枚目

表 / 裏

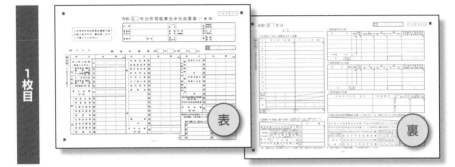

収支内訳書

白色申告をする個人事業主やフリーランサーなどが提出します。1枚（表裏の両面）からなります。

表 / 裏

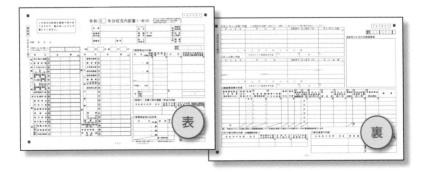

COLUMN

予定納税制度とは

前年の所得などをもとに、今年納めることになると想定される税額を計算し、その額が15万円以上になる人が、その年の所得税の一部を前もって納付する制度のことを「予定納税制度」といいます。

この15万円以上に見積もられた所得税の年税額を「予定納税基準額」といいます。

納税方法は、予定納税基準額の3分の1の額を、第1期と第2期の2回に分けて納めます。例えば予定納税基準額が30万円の場合には、第1期に予定納税基準額30万円の3分の1にあたる10万円を、そして第2期にも同じく10万円を納めます。

予定納税として前払いで納付した税金は、確定申告のときに「申告書」の第一表に記入して、その分の所得税を差し引きます。

また、前年度と比べて業績が悪く、資金繰りが苦しいなどの場合には、7月15日までに予定納税額の減額申請書を提出すれば、予定納税額を減額することが可能です。

【予定納税の例】
確定申告書の第一表「㊿予定納税額」の欄に納付した予定納税額を記入し、納付すべき今年の所得税から差し引く

特別控除等 ㊶	72200
災害減免額 ㊷	
再差引所得税額（基準所得税額）㊸	72200
復興特別所得税額（×2.1%）㊹	1516
所得税及び復興特別所得税の額 ㊺	73716
外国税額控除等	
源泉徴収税額 ㊽	26000
申告納税額 ㊾	47716
予定納税額（第1期分・第2期分）㊿	100000
第3期分の税額 納める税金 51	0 0
還付される税金 52	52284
公的年金等以外の合計所得金額 53	
配偶者の合計所得金額 54	
専従者給与（控除）額の合計額 55	

予定納税額の納税時期
・第1期分……7月1日から7月31日まで
・第2期分……11月1日から11月30日まで

STEP 2
青色申告に必要な準備をしよう

退職前・退職後に必要な手続き

POINT ➡ 会社を辞めて個人事業主やフリーランサーになる場合には、いくつかの手続きが必要です。

☑ チェック
- □ 退職時にやっておく手続きがある
- □ 退職後は、健康保険と国民年金の手続きをすぐに行う

1 退職時にもらうべき書類

　会社を退職して個人事業主やフリーランサーになる場合には、今まで会社がやってくれていた事務的な事柄を、今後は自分で行う必要があります。

　退職の際には、会社から受け取るものと会社に返却するものがありますので、もらい忘れや返却忘れなどに注意してください。

➡ 年金手帳と雇用保険被保険者証

　忘れてしまっているかもしれませんが、年金手帳は入社時や転職時に会社に提出しています。今後は国民年金に加入する手続きが必要ですので、預けたままになっている場合には忘れずに返却してもらいましょう。

　雇用保険被保険者証は、雇用保険の手続きをするときに必要な書類です。個人事業主やフリーランサーとなる場合に手続きはありませんが、再び就職することになった場合には必要になりますので、返却されたら紛失しないように保管してください。

➡ 健康保険被保険者資格喪失等証明書

　退職後に、個人事業主やフリーランサーとして国民健康保険に加入するときに必要となる書類です。

➡ 退職証明書

国民健康保険に加入せずに、家族が加入している健康保険に入る場合に必要となる書類です。ただし、個人事業主やフリーランサーとしてある一定の所得がある場合は、健康保険を脱退して国民健康保険に加入しなければいけなくなります。

➡ 給与所得の源泉徴収票

個人事業主やフリーランサーとして、はじめて確定申告をするときに必要になる書類です。退職する日にはもらえないので、必ずいつ頃もらえるかを会社に確認しておいてください。郵送してくれる会社が多いので、住所を変更する予定があれば、あらかじめ変更先の住所を伝えておくとよいでしょう。

➡ 厚生年金基金加入員証

会社員のときに厚生年金基金に加入していた人がもらえる証書です。書式は各厚生年金基金で異なっています。

2 退職時に返却する書類

➡ 健康保険証

会社から渡されている健康保険証は返却します。国民健康保険に加入せず（家族が加入している健康保険の被保険者にもならず）、今会社で加入している健康保険を引き継ぐ任意継続被保険者の手続きをする場合には健康保険証番号が必要ですので、番号を控えておいてください。

それ以外にも、身分証明書や名刺、定期券、セキュリティキーといった会社から支給されたものは忘れずに返却してください。

3 開業する前にやっておく手続き

個人事業をスタートさせるには、▶STEP 2-3 以降で説明する手続きを行いますが、その前に、退職したらすぐにやっておくべきことがいくつかあります。

→ 健康保険に加入する

会社員のときは、会社の健康保険に加入していました。保険料は全額負担ではなく、会社が半分を負担してくれていました。

個人事業主は、自分の健康保険料を自分で全額負担しなければいけませんが、選択肢がいくつかあります。

最も基本的なのが、国民健康保険に加入することです。国民健康保険への加入手続きは、各自治体に担当窓口がありますので、退職時に会社からもらった健康保険被保険者資格喪失等証明書を持っていって加入の手続きを行ってください。

もうひとつの選択肢は、勤務していた会社の健康保険制度を継続することです（「任意継続」といいます）。退職後2年間という期限があり、また、保険料は全額自己負担になりますので、毎月の給与から天引きされていた保険料の2倍の額を支払うことになります。ですので、国民健康保険の保険料と比較してみて、安いほうを選ぶのもひとつの方法です。

最後に、親族の被扶養者に入る方法もあります。個人事業主として当初は所得がそれほど見込めないのであれば、親族が加入している健康保険に被扶養者として加入するという方法です。この場合、所得が基準を超えると加入資格を失うことがありますので、親族が加入している保険を確認するようにしてください。

いずれにしても、個人事業主は自分の体が資本です。健康保険の手続きは、まっ先に行うようにしてください。

➡ 国民年金に加入する

　健康保険と同様に、国民年金に加入します。会社から返却された年金手帳を持って、各自治体の窓口で手続きを行ってください。

　手続きは、退職日の翌日から14日以内に行います。

　厚生年金と比べると、国民年金は将来の保障額が低くなります。余裕のある人は国民年金基金への加入も検討してみるとよいでしょう。

　あるいは、個人型の確定拠出年金制度を利用するという手もあります（▶34ページ を参照）。

4　配偶者や子どもがいる人の手続き

　会社を辞めて個人事業主となる人で、結婚していて配偶者や子どもがいる人は、自分の手続きだけでなく、家族の手続きも同時に行う必要があります。

　特に年金は、配偶者（60歳未満の場合）を被扶養者としているのであれば、配偶者も国民年金に加入しなければいけません。

5　企業型確定拠出年金に加入していた人の手続き

　会社員のときに企業型確定拠出年金に加入していた人は、退職時にその資格を喪失しますので、「企業型確定拠出年金の資格喪失の通知」をもらいます。

　個人事業主になる際には、個人型確定拠出年金への移換手続きが必要になります。企業型確定拠出年金で積み立てた年金資産を個人型に移し換えることで、引き続き掛金を拠出して資産運用ができます。

　加入していた企業型確定拠出年金によって手続きが異なることがありますので、退職時に、「個人型の確定拠出年金に移し換える予定なので手続きの仕方を教えて欲しい」と申し出て、会社の総務や人事の担当者からアドバイスを受けることをお勧めします。

6 確定拠出年金に加入していない人は加入を検討する

　確定拠出年金には、会社員が加入する企業型のほかに、個人事業主が加入できる個人型確定拠出年金があります。個人型確定拠出年金は、iDeCoや個人型DCと呼ばれ、自分で毎月の掛金を決めます。この掛金の全額が所得控除の対象となります。「60歳まで解約できない定期預金をするが、掛けた分はすべて所得控除にできる」というのがiDeCoです。

　払い戻しのときは、年金のように分割して受け取るか、一括で全額受け取ります。前者は「公的年金の雑所得」、後者は「退職所得」として課税されます。どちらも税金が安いので、大きな節税メリットがあります。

　資産の運用リスクがあることや60歳になるまで解約できないなどのデメリットもありますが、フリーランスや個人事業主の方は老後の生活のために、積極的に取り組むことをお勧めします。

　なお、国民年金の任意加入制度を利用している人は、通常は60歳未満までのところ65歳未満までiDeCoに加入できます。国民年金の任意加入は、60歳までに年金の受給資格を満たしていない場合や、40年の納付済期間がないため年金を満額受給できない場合などに60歳以降でも国民年金に加入できる制度のことです。

7 確定拠出年金を導入するまでの流れ

　iDeCoは、毎月の掛金を自分自身で積み立て、運用を行い、原則として60歳以降に受け取ります。注意点は、60歳までは原則として解約や引き出しができないことです。自分でやるのは、①申込（加入）手続き、②掛金の設定、③運用、④（60歳以降に）受け取り、となります。

➡ 申込の手続きをする

　iDeCoの申込は、金融機関で行えます。申し込んだ金融機関の口座から、

毎月掛金が引き落とされます。すでに取引がある金融機関でも、新たな金融機関でも、どちらで口座を開いてもかまいませんが、金融機関ごとに取り扱っている金融商品や、その手数料が異なります。

▶ 掛金を設定する

　掛金額は、月々最低5,000円以上、1,000円単位で設定することが可能です。申込時に掛金を決めますが、あとから金額の増減(年1回だけ変更可)や停止、再開することもできます。

　掛金の上限は職業などによって異なりますが、個人事業主の場合は、月額6万8000円となり、60歳（65歳）の誕生月までかけられます。ただし、国民年金基金に加入している人は、国民年金基金の掛金とiDeCoの掛金を合算して、その合計額6万8000円が上限額になります。

▶ 運用する

　掛金の運用先は、投資信託や定期預金など、申込を行った金融機関で扱っている金融商品の中から選択します。もし、どうしても選びたい金融商品があるのであれば、その商品を取り扱っている金融機関で申込手続きをするようにしてください。また、運用実績として金融商品の利回りだけで判断せずに、金融商品を運用していく上でかかる管理コストも選択の際の判断材料にしてください。

▶ （60歳になったら）受け取る

　確定拠出年金を受け取ることを給付といいますが、原則として60歳以上〜75歳までの間であれば、好きなときに受け取ることができます。

　また、受け取り方法は一時金として一括で受け取る(退職所得になる)か、年金のように分割で受け取る（雑所得になる）かを選ぶことができます。併用することも可能です。

青色申告のススメ

POINT → 個人事業主やフリーランサーのような事業所得がある人たちは、確定申告のときに青色申告という方法で申告することができます。青色申告のメリットを把握しておきましょう。

✓チェック
- ☐ 青色申告のメリットを確認する
- ☐ 個人事業主やフリーランサーならば青色申告を検討する

1 確定申告は青色申告がお得

確定申告には、青色申告と白色申告の2種類があります。

個人事業主やフリーランサーとして確定申告をするならば、青色申告で確定申告することをお勧めします。

なぜかといえば、青色申告のほうが税制的に優遇されているからです。白色申告に比べて手続きが難しくなりますが、得られるメリットが多いのです。

青色申告で実際に得られるメリットは、以下のようなものがあります。

▶ 青色申告特別控除として65万円（55万円）の控除が受けられる

青色申告をするだけで、青色申告特別控除という特別な控除が受けられます。簡易簿記で帳簿を付けている人は10万円、複式簿記で帳簿を付けている人は55万円の控除が受けられます。さらに複式簿記で帳簿を付けている人が、e -Tax（イータックス）と呼ばれる電子申告（ ▶STEP 8-6 を参照）で確定申告を行うか、または電子帳簿保存（でんしちょうぼほぞん）（ ▶STEP 2-5 を参照）を行えば、控除額は55万円から65万円にアップします。

電子帳簿保存に関しては法改正が行われ、導入しやすい状況になりました。導入を検討する場合は、税理士や会計士などの専門家に相談しながら進めるようにしてください。e-Taxは、パソコン操作に慣れている人ならそれほど迷わずに進められるはずです。

➡ 赤字を翌年以降に持ち越せるので、翌年の黒字と相殺できる

　事業が赤字になってしまっても、青色申告であればその赤字分を翌年以降に持ち越して、翌年以降の黒字と相殺することができます。

　赤字だった年は所得がマイナスですから、所得税の納付義務は発生しません。さらにそのマイナス分を翌年以降に持ち越すことができます。そして黒字になって所得税を支払う年に、持ち越している赤字分を所得から削ることができるので、結果的に節税になります。赤字は、翌年も含めて3年先まで持ち越すことができます。

　さらに、前年は黒字だったのに今年が赤字になってしまった場合でも、青色申告であれば前年の黒字と相殺できるので、前年に支払った所得税の一部を還付してもらえます。

➡ 家族への給与を経費にできる

　個人事業主やフリーランサーの場合、家族が一緒に働くことがあります。そのようなとき、青色申告であれば家族に支払った給与は必要経費として認められます。一緒に働く家族を青色事業専従者として、支払う給料を全額必要経費にすることができます（ ▶STEP 2-6 を参照）。

➡ 30万円未満の固定資産は、減価償却せずに全額を経費にできる

　パソコンや事務机といったものは固定資産です。固定資産は購入した年だけの経費ではなく、数年にわたって使う経費という扱いになります。減価償却という方法で数年に分けて経費化するのが原則です。

　取得価額が10万円以上の固定資産は減価償却をしますが、青色申告であれば、取得価額が30万円未満のものは全額を購入した年の経費とすることができます（ ▶STEP 4-4 を参照）。ただし必要経費に算入できる30万円未満の少額減価償却資産には、注意点がひとつあります。それは、取得価額の1年間の合計額に上限があって、300万円までになるという点です。

青色申告のための事前手続き

POINT 確定申告を青色申告で行うには、事前に手続きが必要です。これから個人事業主やフリーランサーとして仕事をしていく人は、確定申告より前に、事業を始めた段階でこれらの手続きを済ませておきましょう。

チェック
☑ □青色申告をするには「所得税の青色申告承認申請書」を税務署に提出する
□「個人事業の開業・廃業等届出書」などの手続きも一緒に済ませる

1 個人事業を開始することを知らせる手続きをする

株式会社などの法人を設立せずに、個人でビジネスを営むことを一般的に個人事業といいます。その個人事業を行っている人は個人事業主、あるいはフリーランサーと呼ばれます。

個人事業をスタートするには、税務署に「個人事業の開業・廃業等届出書」を提出します。提出先は、自宅を事務所（あるいは店舗）にするのであれば、その住所を管轄している税務署です。この場合は、自宅が「納税地」となります。

自宅と事務所（店舗）が異なり、事務所（店舗）の住所を納税地とする場合には、「所得税の納税地の変更に関する届出書」を一緒に提出する必要があります。

「個人番号」の欄にはマイナンバーを記入します。提出時には本人確認をされますので、マイナンバーカードを持っている人は必ず持参してください。

マイナンバーカードを取得していない人は、マイナンバーと身元を確認できるもの両方を持参してください。マイナンバーの確認には「通知カード」か「マイナンバー入りの住民票」などが必要で、身元確認には「運転免許証」「健康保険証」「パスポート」などが必要です。

「個人事業の開業・廃業等届出書」の記入例

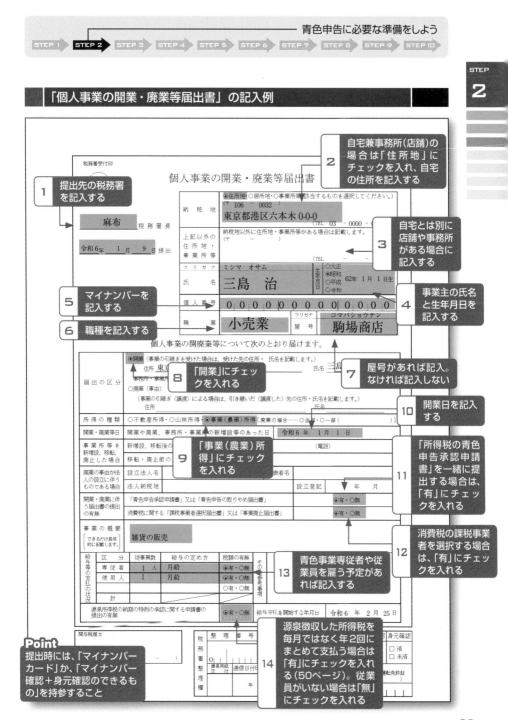

2 自宅兼事務所（店舗）の場合は「住所地」にチェックを入れ、自宅の住所を記入する

1 提出先の税務署を記入する

3 自宅とは別に店舗や事務所がある場合に記入する

4 事業主の氏名と生年月日を記入する

5 マイナンバーを記入する

6 職種を記入する

7 屋号があれば記入。なければ記入しない

8 「開業」にチェックを入れる

9 「事業（農業）所得」にチェックを入れる

10 開業日を記入する

11 「所得税の青色申告承認申請書」を一緒に提出する場合は、「有」にチェックを入れる

12 消費税の課税事業者を選択する場合は、「有」にチェックを入れる

13 青色事業専従者や従業員を雇う予定があれば記入する

14 源泉徴収した所得税を毎月ではなく年2回にまとめて支払う場合は「有」にチェックを入れる（50ページ）。従業員がいない場合は「無」にチェックを入れる

Point
提出時には、「マイナンバーカード」か、「マイナンバー確認＋身元確認のできるもの」を持参すること

2　税務署に青色申告の届出をする

　確定申告を青色申告で行うためには、「所得税の青色申告承認申請書」を税務署に提出しなければなりません。提出先は納税地を管轄している税務署、つまり確定申告の書類を提出する税務署になります。

　令和6年分の確定申告を青色申告で行う場合には、「開業日」を起点にして、2か月以内に「所得税の青色申告承認申請書」を税務署に提出しなければなりません。

　令和6年の1月1日から1月15日の間に開業した場合には、令和6年の3月15日までに手続きを済ませておく必要があります。

　令和6年の1月16日以後に、個人事業主やフリーランサーになった場合には、開業した日から2か月以内に手続きを済ませれば大丈夫です。例えば3月末日の年度内まで会社員として働き、新年度の4月1日から個人事業主やフリーランサーとしてスタートする人は、開業した日から2か月以内である5月末日までに手続きを済ませれば、令和6年分の確定申告を青色申告で行えます。

　令和5年分の確定申告を白色申告で行っていた人が、令和6年分から青色申告で行う場合には、令和6年の3月15日までに手続きを済ませておく必要があります。

　該当する期限内に「所得税の青色申告承認申請書」を税務署に提出していない人は、令和6年分の確定申告は白色申告で行います。青色申告にしたい場合には、令和7年3月15日までに「所得税の青色申告承認申請書」を税務署に提出することで、令和7年分の確定申告から青色申告で行えるようになります。

「所得税の青色申告承認申請書」の記入例

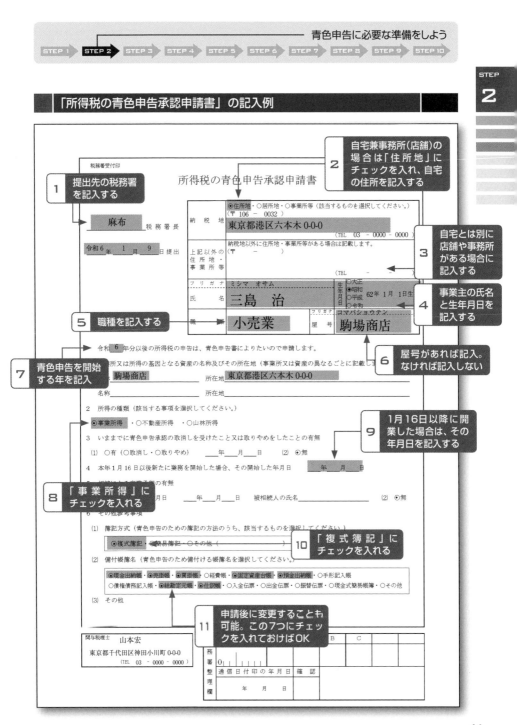

2 自宅兼事務所（店舗）の場合は「住所地」にチェックを入れ、自宅の住所を記入する

税務署受付印

所得税の青色申告承認申請書

1 提出先の税務署を記入する

麻布　税務署長

令和6年　1月　9日提出

納税地　◉住所地・○居所地・○事業所等（該当するものを選択してください。）
（〒 106 － 0032 ）
東京都港区六本木 0-0-0
（TEL　03 － 0000 － 0000 ）

上記以外の住所地・事業所等　納税地以外に住所地・事業所等がある場合は記載します。
（〒　－　）
（TEL　－　－　）

3 自宅とは別に店舗や事務所がある場合に記入する

フリガナ　ミシマ オサム
氏名　三島 治
生年月日　○大正・◉昭和・○平成・○令和　62年 1月 1日生

4 事業主の氏名と生年月日を記入する

5 職種を記入する
職業　小売業
フリガナ　コマバショウテン
屋号　駒場商店

6 屋号があれば記入。なければ記入しない

令和 6 年分以後の所得税の申告は、青色申告書によりたいので申請します。

7 青色申告を開始する年を記入

1　事業所又は所得の基因となる資産の名称及びその所在地（事業所又は資産の異なるごとに記載します。）
名称　駒場商店　所在地　東京都港区六本木 0-0-0
名称　　　所在地

2　所得の種類（該当する事項を選択してください。）
◉事業所得　・○不動産所得　・○山林所得

3　いままでに青色申告承認の取消しを受けたこと又は取りやめをしたことの有無
(1) ○有（○取消し・○取りやめ）　年　月　日　(2) ◉無

4　本年1月16日以後新たに業務を開始した場合、その開始した年月日　年　月　日

9 1月16日以降に開業した場合は、その年月日を記入する

8 「事業所得」にチェックを入れる
5　相続による事業承継の有無
(1) ○有　　年　月　日　被相続人の氏名　　(2) ◉無

6　その他参考事項
(1) 簿記方式（青色申告のための簿記の方法のうち、該当するものを選択してください。）
◉複式簿記・○簡易簿記・○その他（　　）

10 「複式簿記」にチェックを入れる

(2) 備付帳簿名（青色申告のため備付ける帳簿名を選択してください。）
◉現金出納帳・◉売掛帳・◉買掛帳・○経費帳・◉固定資産台帳・◉預金出納帳・○手形記入帳
○債権債務記入帳・◉総勘定元帳・◉仕訳帳・○入金伝票・○出金伝票・○振替伝票・○現金式簡易帳簿・○その他

(3) その他

11 申請後に変更することも可能。この7つにチェックを入れておけばOK

関与税理士　山本宏
東京都千代田区神田小川町 0-0-0
（TEL　03 － 0000 － 0000 ）

税務署整理欄　A　B　C
0　1
通信日付印の年月日　確認
年　月　日

青色申告の特典を受ける準備

POINT ▶ 手続きを済ませても、青色申告の特典を受けるためにやらなければいけないことが3つあります。「帳簿付け」「決算書の作成」「帳簿等の保管」です。

✓チェック
□青色申告で受けられる特典と受けるための条件を理解する
□65万円の控除を受けるにはe-Taxか電子帳簿保存のいずれかが必須

1 帳簿は複式簿記で付ける

確定申告のためには、1年間に生じた所得を正しく計算しなければいけません。それには日々の取引をきちんと記録することが大事で、これを「帳簿を付ける」などといい、一定のルールに従って行うことが求められます。

帳簿の付け方には、「簡易（単式）簿記」と「複式簿記」の2種類があり、簡易簿記は、収支のみを帳簿に付ける、いわゆる家計簿のようなものです。

複式簿記は、「借方」「貸方」という概念を用いて帳簿を付けていきます（▶STEP 3-1 を参照）。

2 複式簿記で青色申告特別控除を受ける

青色申告の最も大きな特典として、青色申告特別控除の「65万円（55万円）控除」があります。この控除を受けるためにはいくつか条件があり、そのひとつが複式簿記です。

複式簿記とは、「取引を仕訳する際に、勘定科目を割り当てる」簿記の方法のことで、会計ソフトを使えば簡単にできます。会計ソフトを使用するなら、仕訳の手間は簡易簿記でも複式簿記でもほとんど変わりません。複式簿記にして65万円（55万円）控除を受けることをお勧めします。

また、会計ソフトを使用した複式簿記であれば、さまざまな帳簿（例えば「総勘定元帳」や「仕訳帳」など）も簡単に作成することができます。

3 決算書を作成する

　青色申告者は、「申告書」の第一表と第二表以外にも、「青色申告決算書」を作成して一緒に提出しなければいけません（ ▶STEP 7 を参照）。

　「青色申告決算書」とは、その名の通り決算書ですから、「損益計算書」と「貸借対照表」からなります。

　これもまた難しそうに聞こえますが、会計ソフトを使い、日々の取引をきちんと仕訳しておけば簡単に作成することができます。

4 紙にプリントするか電子帳簿保存で残す

　青色申告として提出した「申告書」と「青色申告決算書」の控えと、それらを作成するもととなった帳簿、領収書、請求書、さらに最低でも「総勘定元帳」と「仕訳帳」の2つは、一定期間保存しておく必要があります。

　保存の仕方は、すべてを紙で保存するか、電子帳簿保存のいずれかです。以下の表に従って保管してください。

青色申告で保存が必要なもの		保存期間
帳簿	仕訳帳、総勘定元帳、現金出納帳、売掛帳、買掛帳、経費帳、固定資産台帳など。電子帳簿保存法の要件を満たした会計ソフトで保存する場合には、紙での出力は不要	7年
書類	決算関係書類　損益計算書、貸借対照表、棚卸表など	7年
	現金預金取引などの関係書類　領収書、小切手控、預金通帳、借用書など	7年
	その他の書類　取引に関して作成したり受領したりした上記以外の書類（請求書、見積書、契約書、納品書、送り状など）	5年

　青色申告特別控除で65万円の控除を受けるには、電子申告（e-Tax）をするか、電子帳簿保存をするか、のいずれかが必要です。

電子帳簿・電子帳簿保存制度とは

POINT 会計に関することは、あらゆる面で電子化が進められています。確定申告に関する書類は、7年間の保存義務があります。データでやりとりしたもの（PDFの請求書など）は、データのまま保存します。

チェック
- □電子帳簿に該当する書類を確認しよう
- □電子取引データはルールを決めて保存する

1 電子帳簿とは

　電子帳簿とは、「電子計算機を使用して作成される国税関係帳簿書類」のことです。会計ソフトなどで作成された個人事業主の確定申告書や、商取引で使用した電子取引データ（注文書、契約書、送り状、領収書、見積書、請求書など）も含まれます。

2 電子帳簿保存法とは

　電子帳簿保存法は、所得税法、法人税法、消費税法など、税法で保存が定められている書類や帳簿を、紙ではなく電子データで保存するための法律です。会計ソフトを使って作成した帳簿をそのままデータとして保存しておく方法や、紙で受け取った請求書をスマホやタブレット、スキャナなどで読み取って保存しておく方法などを定めたもので、略して「電帳法」と呼ばれます。

　電子帳簿保存制度は、この電子帳簿保存法に基づいた制度です。帳簿だけでなく、取引先とやりとりした電子取引データの保存義務や保存方法などが定められています。ポイントは以下の3つです。

❶電子取引データの保存
❷電子帳簿・電子書類の保存
❸スキャナを使った保存

3　電子取引データの保存方法

電子取引データの基本的な保存方法は、以下のようになります。

➡️ 検索がしやすいようにファイル名のルールを統一する

電子取引データを保存する際には、ファイル名からデータを検索しやすいように、ファイル名の付け方にルールを定めて、統一して保存するようにします。具体的には、「20240501山本宏税理士事務所20万.pdf」のように、以下の要素をファイル名に記載し、検索できるようにしておきます。

❶日付
❷取引先名
❸金額

なお、電子取引データはわざわざ印刷して保存する必要はなく、データのまま保存しておけば問題ありません。

➡️ 所定の場所に保存する

データは、USBメモリなどに保存して管理します。年ごとに分けるのがわかりやすいでしょう。クラウド上に保存する場合でも、同じものをバックアップ用として、USBメモリやSDカードにも保存しておきましょう。

年ごとに保管するときのポイントは、あまり細かくフォルダ分けをしないことです。「入金（請求書など）」と「出金（領収書など）」のように収支で分けるくらいのほうが煩雑にならずに済みます。

ただし、ファイル名のルールだけは徹底してください。ファイル名のルールさえ徹底していれば、検索して見つけることができますので、「あのデータは一体どこに……」という事態を避けることができます。

4 　紙の書類の保存方法

　領収書や請求書などを紙で受け取った場合には、そのまま紙で保存するか、スマホやスキャナで読み取り、PDFなどのデータとして保存することもできます。また、自分が作成して郵送した請求書なども、同様にスマホやスキャナで読み取って、データとして保存することもできます。保存する際のファイル名は、先ほど述べたようにルールを統一して運用するようにしてください。

5 　事業収入の「区分」欄には電子保存に関する番号を記入する

　確定申告書の事業収入の欄に「区分」という欄があります。ここには、帳簿等の保存方法について該当する番号を記入します。以下の1～5に該当する番号を記入します。青色申告をする人は、「5」は記入しません。

❶ 電子帳簿保存法の規定に基づき、税務署長の承認を受けて、総勘定元帳、仕訳帳等について電磁的記録等で保存している場合

❷ 会計ソフトなどの電子計算機を使用して記帳している場合

❸ ❶と❷に該当しないが、総勘定元帳、仕訳帳などを備え付け、日々の取引を複式簿記に従って記帳している場合

❹ 日々の取引を複式簿記以外の簡単な方法で記帳している場合

❺ 記帳の仕方がわからない、❶～❹に該当しない場合

「区分」の欄に、該当する環境を上記の「1」～「4」から選んで記入する。青色申告者は「5」は記入しないこと。

適格簡易請求書とは

　令和5年10月からの消費税のインボイス制度によって、適格請求書の運用が始まりました（▶STEP 8-7 を参照）。小売業、飲食店業、タクシー業といった、不特定多数に商品やサービスを販売するような業種については、適格請求書ではなく、「適格簡易請 求 書」の交付が認められています。

　消費税のインボイス制度では、仕入税額控除のために適格請求書の保存が義務づけられていますが、上記のような業種の場合、適格請求書を発行していると業務に支障をきたす恐れがあるため、適格請求書に比べて簡略化した記載の適格簡易請求書が認められています。

　多くは「レシート」として発行されますので、そのレシートに以下の記載があるかどうかを確認してください。

　この適格簡易請求書も、電子帳簿保存法によって保存義務がありますので、7年間保存してください。

```
          領収書

        スーパー小幡

      T1234567890123
      東京都千代田区神田○−○−○
               2024 年 11 月 1 日

  洗剤              1 点   500
  コーラ※           1 点   100
  トウフ※           1 点   200

  小計
  10% 対象（税抜）   1 点   500
  8% 対象（税抜）    2 点   300

  10% 消費税         1 点    50
  8% 消費税          2 点    24

  合計              ¥874
  お預り                  ¥900
  お釣り                   ¥26
              ※印は軽減税率対象商品
```

① 適格請求書発行事業者の氏名（名称）とインボイス登録番号

② 取引年月日

③ 取引内容（軽減税率の対象品目である旨も）

④ 税率ごとに区分して合計した対価の額（税抜または税込）

⑤ 税率ごとに区分した消費税額等または適用税率

家族に給料を支払う場合

POINT ▶ 青色申告では、事業を手伝う家族に支払う給料を必要経費にすることができます。そのような家族のことを「青色事業専従者」といいますが、条件を満たした上で届出をする必要があります。

☑チェック
□ 青色事業専従者の条件を満たしているか
□ 「青色事業専従者給与に関する届出書」を提出する

1 税務署に「専従者給与」の届出をする

　自分一人だけではなく、家族に手伝ってもらって個人事業を行うならば、その家族を「青色事業専従者」とすることで、家族に支払った給料を必要経費にすることができます。そのためには、「青色事業専従者給与に関する届出書」を税務署に提出する必要があります。

　この届出も「所得税の青色申告承認申請書」（▶41ページ）と同じで、確定申告の対象となる年の3月15日までに税務署に提出します。令和6年分の確定申告で、青色事業専従者給与を使うためには、令和6年3月15日までに手続きを済ませておく必要があります。

　それ以降に専従者として働いてもらうことになった場合には、働きはじめた日から2か月以内に手続きを済ませれば大丈夫です。

　ここで問題になるのは、専従者として認められる家族の条件です。以下の4つの条件すべてを満たしていれば専従者として認められます。

❶ 個人事業主と同居している（生計が同一の）15歳以上の家族や親族
❷ 1年の半分、6か月以上は事業に従事している
❸ ほかの会社に勤務していない
❹ 個人事業主の配偶者控除（はいぐうしゃこうじょ）や扶養控除（ふようこうじょ）の対象になっていない
　（▶STEP 5-8 ▶STEP 5-9 を参照）

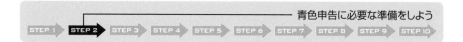

STEP
2

「青色事業専従者給与に関する届出書」の記入例

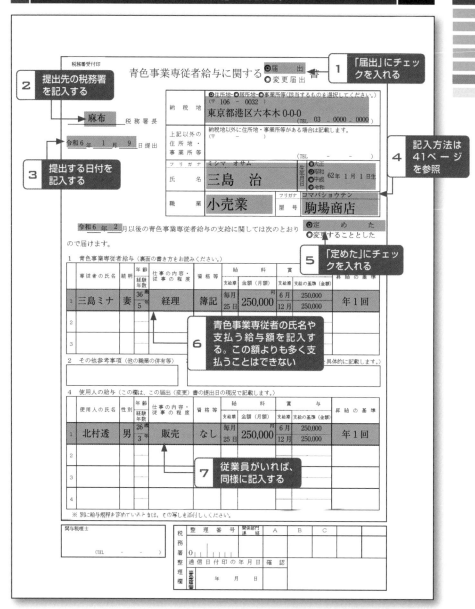

従業員を雇う場合

POINT 従業員として人を雇って給料を支払う場合には、その給料から所得税を徴収して税務署に納める義務が生じます。

> ☑チェック
> □「給与支払事務所等の開設届出書」を提出する
> □「源泉所得税の納期の特例の承認に関する申請書」を出しておくと便利

1 従業員に給料を支払うなら届出が必要

　従業員を雇い、その従業員に給料を支払う場合には、給料から所得税分を天引きしなければいけません。

　従業員へ支払う給料から所得税を天引きし、従業員に代わって税金を納める個人事業主などのことを「給与支払事務所等」といい、従業員を雇う場合には給与支払事務所等であることを税務署に届け出る必要があります。「給与支払事務所等の開設届出書」に必要事項を記入して、税務署に提出します。

　提出先の税務署は、確定申告書を提出する管轄の税務署です。提出期限は、従業員を雇って給与支払事務所等になった日から1か月以内です。

➡「源泉所得税の納期の特例の承認に関する申請書」も出しておくと便利

　「給与支払事務所等の開設届出書」を提出するときには、「源泉所得税の納期の特例の承認に関する申請書」も一緒に出しておくと便利です。

　給料から天引きした分の従業員の所得税は、通常は毎月税務署に納付する必要があるので煩雑ですが、従業員が10人未満の場合に限って、1月と7月の年2回にまとめて支払うように変更できます。提出期限はありませんので、あとからいつでも変更できます（▶52ページ を参照）。

「給与支払事務所等の開設届出書」の記入例

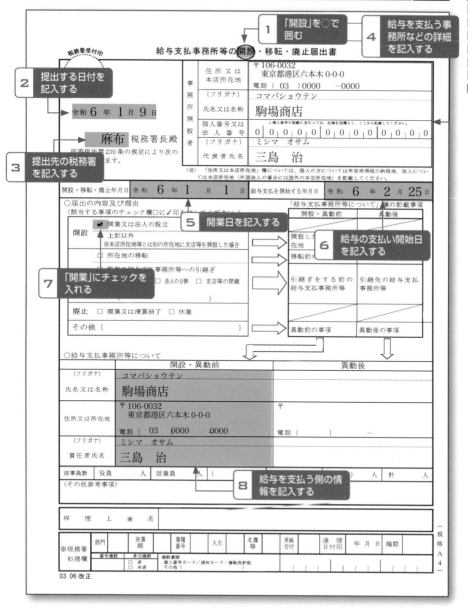

1 「開設」を○で囲む

4 給与を支払う事務所などの詳細を記入する

税務署受付印

給与支払事務所等の**開設**・移転・廃止届出書

2 提出する日付を記入する

令和 6 年 1 月 9 日

麻布 税務署長殿

所得税法第230条の規定により次の〔　〕ます。

3 提出先の税務署を記入する

事務所開設者	住所又は本店所在地	〒106-0032 東京都港区六本木 0-0-0 電話（ 03 ）0000 － 0000
	（フリガナ）	コマバショウテン
	氏名又は名称	駒場商店
	個人番号又は法人番号	↓個人番号の記載に当たっては、左端を空欄とし、ここから記載してください。 0,0,0,0,0,0,0,0,0,0,0,0
	（フリガナ）	ミシマ オサム
	代表者氏名	三島 治

（注）「住所又は本店所在地」欄については、個人の方については申告所得税の納税地、法人について ては本店所在地（外国法人の場合には国外の本店所在地）を記載してください。

| 開設・移転・廃止年月日 | 令和 6 年 1 月 1 日 | 給与支払を開始する年月日 | 令和 6 年 2 月 25 日 |

○届出の内容及び理由
（該当する事項のチェック欄□に✓印を付してください。）

5 開業日を記入する

6 給与の支払い開始日を記入する

7 「開業」にチェックを入れる

		「給与支払事務所等について」欄の記載事項
		開設・異動前	異動後
開設	☑ 開業又は法人の設立		
	□ 上記以外 ※本店所在地等とは別の所在地に支店等を開設した場合	開設した在地	
	□ 所在地の移転	移転前	
	□ 既有の給与支払事務所等への引継ぎ □ 法人の分割 □ 支店等の開廃 （ ）	引継ぎをする前の給与支払事務所等	引継ぎ先の給与支払事務所等
廃止	□ 廃業又は清算結了 □ 休業		
その他	（ ）	異動前の事項	異動後の事項

○給与支払事務所等について

	開設・異動前	異動後
（フリガナ）	コマバショウテン	
氏名又は名称	駒場商店	
住所又は所在地	〒106-0032 東京都港区六本木 0-0-0 電話（ 03 ）0000 － 0000	〒 電話（ ） －
（フリガナ）	ミシマ オサム	
責任者氏名	三島 治	

| 従事員数 | 役員 | 人 | 従業員 | 人 | （ | 人 | 計 | 人 |
| （その他参考事項） | | | | | | | | |

8 給与を支払う側の情報を記入する

| 税 理 士 署 名 | |

※税務署処理欄	部門		決算期	業種番号	入力	名簿等	用紙交付	通 信日付印	年 月 日	確認
	番号確認	身元確認	確認書類 個人番号カード／通知カード・運転免許証 その他（ ）							
		□ 済 □ 未済								

（規格A4）

03.06 改正

源泉した所得税の納付を年2回にまとめるには

パートやアルバイトを雇った場合は、給与を支払う際に所得税を源泉徴収し、徴収した日の翌月10日までに、その源泉所得税を納付しなければいけません。

しかし、日々の事業を行いながら毎月支払うことは意外と面倒ですし、期限を過ぎてしまった場合は、原則として延滞税などのペナルティが発生します（実際のところは、年度内の1回目の延滞なら注意で済みますが、2回目以降は容赦なく罰則金が科せられます）。

そこで検討したいのが、「源泉所得税の納期の特例」を申請することです。これは、給与や退職手当、顧問税理士などへの報酬から源泉徴収した所得税を、年2回にまとめて納付できるという特例制度です。

源泉所得税の納期の特例の納税日

❶ 1月から6月までに支払った給与から源泉徴収した所得税

➡7月10日に納付

❷ 7月から12月までに支払った給与から源泉徴収した所得税

➡翌年1月20日に納付

所得税には、平成25年1月1日から令和19年12月31日までは、源泉徴収した復興特別所得税を含みます（▶15ページ を参照）。

STEP **3**
帳簿付けの基本

帳簿付けの基本（取引と仕訳）

POINT ➤ 個人事業主やフリーランサーにとって、事業のお金を管理することは重要です。「取引」と「仕訳」の基本をマスターし、取引が発生するたびに、仕訳をすることを習慣づけましょう。

☑ チェック
- □帳簿付けの基本を理解する
- □仕訳のしくみを理解する

1 帳簿付けの基本は「取引の仕訳」

帳簿付けの基本は、「取引を仕訳すること」です。「取引」とは「財産が増減した事実」のことをいいます。「大きな取引が成立した」とか「あの会社とは取引しない」などと日常使われる取引のことではありません。

財産が増減する事実が取引なので、商品が盗まれた、機械が壊れたので廃棄したといったことも取引に該当します。

この取引を帳簿に記録することを「仕訳」といいます。取引はすべて仕訳をします。

2 個人事業主にとって仕訳が重要な理由

なぜ取引をすべて仕訳するかというと、仕訳をすることによって、確定申告のときに申告書とともに税務署に提出する「青色申告決算書」（青色申告者の場合。白色申告者は「収支内訳書」）を作成することができるからです（▶STEP 7 を参照）。というよりも、「青色申告決算書」と「収支内訳書」は、仕訳を行っていないと作成することができません。

つまり、取引の仕訳を行っていないと、確定申告ができないといっても過言ではありません。それくらい、個人事業主やフリーランサーにとって仕訳は重要なものなのです。

取引の概念

現金が増減する

■■会社

取引先

すべて
簿記上の取引

▲▲銀行

銀行

現金を
支払う　　現金を
受け取る

事業主

手持ちの
現金の補充

振込み、入金など

商品の購入、販売

取引先などから
商品を仕入れた

これも
簿記上の取引

お客様に商品を
販売した

土地、機械の購入、売却

土地・建物などの不動産や
機械装置・自動車などの資産が
購入、贈与などで増えた場合、
または売却、焼失、処分などで
減った場合、簿記上の取引となる。

これも取引

　法人は、個人事業主とは違って、株主総会のために決算を行います。そこで作成される「決算書」は、その法人にとっての「成績表」のようなもので、とても重要な書類になります。

　上場企業であれば、その会社に投資するかどうかなどを決めるときの重要な資料となります。また、金融機関は法人への融資を判断するときに、必ず決算書を参考にします。

　もちろん、赤字の決算書よりも黒字の決算書のほうが、その法人の評価は高くなります。しかしその前提として、「きちんと仕訳されて作成された決算書」であることが重要です。「粉飾決算」のように、存在しなかった取引を存在したことにして仕訳を行ったりすれば大問題になります。

　個人事業主にとって、法人の決算書と同じように重要になるのが、確定申告書と青色申告決算書（白色申告者は収支内訳書）です。

　例えば自宅や車を買うときに、金融機関にローンを申し込むと、必ず確定申告書の控えの提出を求められます。そのときは確定申告書だけでなく、青色申告決算書（収支内訳書）の提出も求められます。

　個人事業主としてスタートした初年度は赤字になってしまうこともあるかもしれませんが、取引はきちんと仕訳をして、信頼性のある青色申告決算書（収支内訳書）を作成していくことが重要です。

3　仕訳を行うタイミング

　仕訳は、「まとめてやらない」「貯めない」ことが重要です。毎月1回、月末にまとめて処理しようなどとせずに、日々の業務の中で、取引が行われるたびに仕訳をしてしまうことです。

　これが理想ですが、取引が行われるたびに業務を中断して仕訳を行うわけにもいきませんので、「その日の取引は、その日のうちに仕訳をする」ことを習慣化してしまいましょう。

　業務が忙しいと、どうしても「あとでまとめてやろう」と考えてしまい

STEP
3

取引は2つの側面から

　取引は、必ず2つの側面からとらえる必要があります。例えば、「100円のボールペンを現金で買った」という取引では、

❶ ボールペンという「資産」が増えた
❷ 100円の「現金」が減った

という2つのことが同時に起きています。
　「1億円で自社ビルを購入した」場合でも、❶ビルという資産が増えたことと、❷1億円の現金が減ったことが同時に起きています。
　このように、取引には必ず、「どうしてその取引が起きたのかという"原因"」と、「その取引が起きたことでどうなったのかという"結果"」の2つが同時に起きているものなのです。

例えば…

ボールペンを購入した

取引は必ず財産が増減するので、
プラスになったものと
マイナスになったものの
2つに分けられる

＋
ボールペンが増える

ー
現金が減る

がちですが、過去にさかのぼって取引の詳細を思い出して仕訳することは思いのほか大変です。特に取引の証拠となる領収書などがなかったり、あるいは自分で立て替えて支払ったりしている取引などは、なかなか詳細まで思い出せないものです。

　毎日仕訳をしていれば、その日の取引の詳細を忘れないうちに済ませることができます。まとめて仕訳をするときに要する時間と比べれば、結局、毎日仕訳を行うほうが短時間で済みます。

　「その日の取引は、その日のうちに仕訳をする」ことを習慣にしていきましょう。

4 仕訳の仕方

　仕訳のルールは、現金が増加したら左側の「借方_{かりかた}」に、現金が減少したら右側の「貸方_{かしかた}」に書き入れ、その理由を記入します。

　一言でいえばこうなるのですが、会計の知識がないととても難しく感じられるものです。そこで、自分の事業でよく発生する取引は、仕訳のパターンをあらかじめ会計ソフトに登録してしまうことをお勧めします。

　例えば、「資料として新聞や書籍、雑誌などを購入することが多い。そのときの支払いは自分で立て替える」という取引がよく発生するとしましょう。その場合には、「書籍等の購入」という名前で仕訳のパターンを登録してしまうのです。例を挙げると、このようになります。

　「借方　新聞図書費　　貸方　未払金（自分）」

　こうしておけば、次に資料を購入したときにこの仕訳を呼び出し、立て替えた金額だけを入力すれば仕訳が終了します。

　このように、頻繁に出てくる取引は、仕訳のパターンとして登録しておくと時間の短縮となり、毎日仕訳を行うことがそれほど苦ではなくなります。

　このような理由からも、会計ソフトの導入をお勧めします。

仕訳の2つの側面　「借方」と「貸方」

　取引を2つの側面に分けましたが、その2つの側面とは、「その取引が起きた"原因"」と、「その取引が起きたことによる"結果"」でした。これらを会計用語では、「借方（かりかた）」と「貸方（かしかた）」と呼びます。

　「借方」「貸方」と聞くと、どうしてもその意味を考えてしまいますが、「借方は左側、貸方は右側」とだけ覚えておけば大丈夫です。むしろ、それ以上は考えないようにしましょう。

STEP 3

	借 方 （左側）	貸 方 （右側）
貸借対照表 B/S	資産の増加 ＋	資産の減少 －
	負債の減少 －	負債の増加 ＋
	純資産の減少 －	純資産の増加 ＋
損益計算書 P/L	費用の発生 ＋	費用の減少 －
	収益の減少 －	収益の発生 ＋

5 仕訳の例

いくつかの仕訳の例を紹介します。「月末に請求し、入金はその翌月末」といった取引の場合には、請求をしたときに仕訳をして、入金があったときにまた仕訳をするのが普通ですが、ここでは説明の都合上、並べて示しています。

❶資料として1,500円の書籍を購入した。支払いは自分で立て替えた。立て替えた分は、事業用の口座で精算した

（購入したときの仕訳）

借方		貸方	
新聞図書費	1,500	未払金	1,500

（立て替えた分を事業用の口座から引き出して精算したときの仕訳）

借方		貸方	
未払金	1,500	普通預金	1,500

❷カフェで打ち合わせをして、２人分のコーヒー代1,000円を小口現金を使って支払った

（支払ったときの仕訳）

借方		貸方	
打合会議費	1,000	小口現金	1,000

❸仕事のために５万円のパソコンを購入した。支払いは小口現金を使って行った

（購入したときの仕訳）

借方		貸方	
消耗品費	50,000	小口現金	50,000

❹50万円分の仕事を納品したので請求書を発行した。その支払いは事業用の口座に入金された

（請求書を発行したときの仕訳）

借方		貸方	
売掛金	500,000	売上高	500,000

（入金されたときの仕訳）

借方		貸方	
普通預金	500,000	売掛金	500,000

❺お店で販売する商品を10万円で仕入れた。来月末に普通預金口座から振込みを行う。支払手数料は432円

（商品を仕入れたときの仕訳）

借方		貸方	
仕入	100,000	買掛金	100,000

（普通預金口座から支払ったときの仕訳）

借方		貸方	
買掛金	100,000	普通預金	100,432
支払手数料	432		

❻アルバイトに普通預金口座から給与20万円を支払った。その際、源泉徴収として5万円を天引きした。支払手数料は432円

（支払ったときの仕訳）

借方		貸方	
給与	200,000	普通預金	150,000
		預り金	50,000
支払手数料	432	普通預金	432

取引の仕訳と勘定科目

POINT ▶ 現金が増減したときの「理由」を「勘定科目」といい、大きく「資産」「負債」「純資産」「費用」「収益」に分けられます。細かくは「交通費」や「借入金」といった名称を自分で設定します。

チェック

□仕訳をしたときに、必ず勘定科目を割り当てる
□同じ取引には同じ勘定科目を割り当てる

1　仕訳の際には「勘定科目」を割り当てる

　ひとつの取引が発生したときに原因と結果という2つに分解して、それぞれにわかりやすい分類項目の名前を割り当て帳簿を付けていく作業が仕訳です。

　具体的には、日々事業を行う上で発生するお金の出入り、つまり「費用」と「収益」を記録するときに、金額だけでなくわかりやすい分類項目の名前も一緒に記録していきます。

　このわかりやすい分類項目の名前のことを、「勘定科目」といいます。

　勘定科目は、誰もがすぐに理解できるようなわかりやすいものにします。一般的に使用されている勘定科目の例としては、業務に必要な電気代などを支払ったときの「水道光熱費」、電車やバスなどの移動手段を使用したときに払った「旅費交通費」、参考資料として書籍などを購入したときの「新聞図書費」などがあります（228ページの必要経費の主な科目を参照）。

　勘定科目を割り当てることで、「このお金は何のために出ていったのか？」「このお金はどうして入ってきたのか？」ということが把握できますので、「同一の取引は必ず、毎回・毎年同じ勘定科目にする」ようにします。複式簿記で取引を記録することは、青色申告特別控除（▶36ページ）が受けられるだけでなく、その記録が事業を見直すための重要な資料になります。その資料を価値あるものにするためにも、ブレのない仕訳を継続することがとても重要なのです。

STEP
3

取引の2つの側面に勘定科目を割り当てる（仕訳と勘定科目の関係）

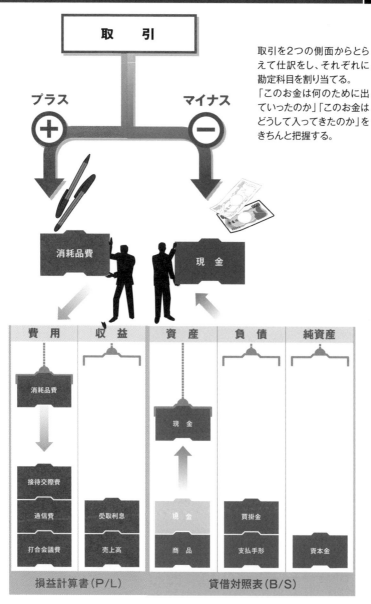

取引を2つの側面からとらえて仕訳をし、それぞれに勘定科目を割り当てる。「このお金は何のために出ていったのか」「このお金はどうして入ってきたのか」をきちんと把握する。

請求書・納品書の作成と保管

POINT ➡ 仕事によっては、請求書や納品書を作成する必要があります。これは売上の証明にもなるので、控えを保管しておくようにしましょう。

☑ チェック
□請求書と納品書は控えをきちんと保管する
□請求後に金額や内容を変更する場合には再発行する

1 請求書と納品書は控えを必ず保管する

　請求書と納品書は、これでなければいけないという決まりはありません。市販されているものでも、パソコンで自作したものでも、自分が使いやすくて管理しやすいものを使うようにしましょう。

　まれに取引先によっては、指定の請求書や納品書を使用しなければいけない場合もありますので、請求書や納品書を送る取引先に、事前に確認を取っておきましょう。

　ポイントは、必ず控えを保管しておくことです。市販されている手書きの請求書や納品書を使うなら、「カーボン複写式」を使うと便利です。

　パソコンで自作する場合は、送付する前に必ずコピーを取るようにしましょう。請求書や納品書の控えをきちんと管理することは、売上を管理するための基本です。

　業種によっては請求書だけで済んでしまうこともありますが、控えだけは忘れずに保管してください。

➡ 控えがあれば、請求後の変更にも柔軟に対応できる

　請求書を発行したあとに、なんらかの理由で金額が変更になることも考えられます。例えば、納品した商品の数に間違いがあって金額が訂正されたり、納品した商品に問題があったために値下げをお願いされたりすることがあります。このような場合には、すでに送っている請求書を破棄して

もらい、再発行するようにしましょう。再発行時には、破棄してもらった請求書の控え（あるいはコピー）の余白に、「金額変更、請求書再発行」などとメモしておきましょう。

　請求書を再発行したことがはっきりわかるようにしておけば、税務調査が入った場合などに、「売上を操作しているのではないか？」といった無用な誤解を招かずに済みます。

請求書（適格請求書）の記載例

発行日　令和 6 年 10 月 31 日

請求書

株式会社山本商事　　御中

下記の通り、ご請求申し上げます。

三島　治

住所: 〒000-0000
TEL: 03-0000-0000
FAX: 03-0000-0000
登録番号: T1234000000000

振込先: 東京りそな銀行　六本木支店
（普通）0000000

金額　　　　**¥110,000**（税込）

日付	項目	数量	単価	金額
●税率10%項目				
10月5日	商品A	1	100,000	100,000
				0
				0
●税率10%項目小計				100,000
●税率8%項目（軽減税率対象項目）				
				0
				0
				0
●税率8%項目（軽減税率対象項目）小計				0

Point
適格請求書発行事業者が発行する請求書には、登録番号（T＋13桁の番号）も記載する

小計	100,000
消費税(10%対象)	10,000
消費税(8%対象)	0
税込合計	¥110,000
10%対象合計	¥110,000
8%対象合計	¥0

書類の整理と保管方法

　確定申告をスムーズに行うためにも、請求書や領収書などの経理関係の書類を整理しておくことはとても大切です。整理整頓が苦手な人のためにポイントを紹介します。

□ポイント① 現金取引を極力減らす

　すぐに誰でもできる方法は、現金でのやりとりを少なくすることです。

　経理で一番大変なのは、現金の出入りを管理することです。

　経理だけを専門にやるのであればいいのですが、事業を営みながら経理もやらなければならないのであれば、できるだけ現金での取引を減らし、入出金は事業専用の口座を通して行います。

　必要経費も、できるだけ現金での支払いを少なくし、口座引き落としやクレジットカードなどを上手に使うといいでしょう。もちろん、経費の証明として領収書をもらうことは徹底してください。

□ポイント② 領収書は年ごとにまとめて保管する

　経理関係の資料は、7年間保管しておく義務があります。一部は5年間の保管でよいものもありますが、年ごとにまとめて保管しておき、保存期間は7年間で統一しておきましょう。

　領収書の保管は、A4用紙（裏紙でかまいません）に日付順に貼り付けて月ごとにまとめ、1年分を封筒や紙袋に入れて「令和○年分」と記入しておきます。

　勘定科目別に整理しようとすると、手間がかかるので次第に整理しなくなってしまいます。領収書は、「経費の証明のために紛失しないことが第一」ですから、継続できる整理・保管方法にしておくことがポイントです。

STEP 4

必要経費の計算

必要経費の基本

POINT　事業所得を計算するためには、必要経費を計算する必要があります。必要経費に関する詳細は、青色申告者であれば「青色申告決算書」に、白色申告者であれば「収支内訳書」に記載します。

☑チェック
□必要経費として認められる支出か確認する
□仕訳の勘定科目は、ルールを作ってそれに従っているか確認する

1 必要経費は業種によってさまざま

　「経費（必要経費）」とは、事業収入や不動産収入を得るために必要とした支出のことをいいます。「経費＝収入を得るために必要な支出」です。どの業種にも共通した経費としては、「交通費」や「事務用品費」などがあります。また、フリーライターの「取材費」やモデルの「衣装代」といった、その業種独特の経費もあります。

　経費は、あくまでも収入を得るために必要とした事業用の支出でなければなりません。例えば、レストランで取引先を接待したときの食事代は経費ですが、同じ食事代でも、休日に家族と食事した際の支出は経費と認められません。事業用の支出であっても、以下のようなものには気をつけてください。

2 経費のようで、経費にならないものに注意する

① 10万円以上の固定資産の購入や不動産契約の敷金など

　10万円以上の固定資産は、数年に分けて経費とする減価償却で処理するのが基本です。ただし、青色申告者であれば30万円未満の資産については、明細書の保存などの条件を満たせば全額経費になります（▶STEP 4-4を参照）。また、事務所や店舗を借りるときに支払う「敷金」など、いずれは戻ってくる可能性のあるものも経費になりません（結果として戻ってこないことが確定したときに経費になります）。

STEP
4

②借入金の元本返済や預り源泉所得税の納付など

　借入金が入金されたときや源泉した所得税（ ▶52ページ を参照）を預かったときは、収入として扱っていませんから、借入金を返済した場合や、預かっている源泉所得税を納付したときは経費になりません。

3　必要経費の勘定科目は自分で設定してもOK

　必要経費としてお金を使った場合も取引のひとつですから、仕訳をして勘定科目を割り当てます。

　その際、「どの勘定科目を割り当てればいいのか？」と悩む人が多いのですが、その支出が必要経費として認められるものであるならば、自分でルールを決めて、そのルールに従って勘定科目を割り当てればいいのです。

　「青色申告決算書」に記載されている勘定科目は、科目の目安になります。そしてどの勘定科目を使えばいいかは、228ページの 必要経費の主な科目 を参考にしてください。

青色申告決算書に記載されている経費の勘定科目			
租税公課	広告宣伝費	減価償却費	地代家賃
荷造運賃	接待交際費	福利厚生費	貸倒金
水道光熱費	損害保険料	給料賃金	雑費
旅費交通費	修繕費	外注工賃	
通信費	消耗品費	利子割引料	

　頻繁に出てくる経費に適当な勘定科目がなければ、自分でわかりやすい勘定科目名を作ってしまってもかまいません。そして青色申告決算書を作成するときに、「経費」欄にある余白に、その勘定科目名と金額を記入します（ ▶132ページ を参照）。

領収書のもらい方

POINT 　必要経費としての支出を証明するものとして、最も一般的に使われているのが「領収書」です。必要経費としての支出であれば、たとえ1円であっても必ず領収書をもらうようにしましょう。

チェック
□必要経費と証明できるだけの情報が記載されているか
□領収書がもらえない経費は「出金伝票」で処理する

1 領収書は必要経費の証明書

　必要経費として支払いをしたときは、原則として「領収書」をもらうようにしてください。

　特に現金で支払った場合には、領収書がないとあとになってから支払った事実を証明することはとても困難です。税務調査のときに、領収書がないばかりに経費として認められなかったのでは元も子もありません。

　たとえ1円の出費であっても、それが必要経費ならばきちんと領収書をもらい、その出費が必要経費だという裏付けを得ることを習慣にしましょう。

　また、領収書をもらうときには記載ミスのないようにしましょう。自分であとから追加・訂正するのは「改ざん」と取られる可能性があります。そのため、できるだけ記載ミスのないように作成してもらいましょう。

▶ 領収書がもらえない場合の対処法

　一般的に必要経費と認められるものでも、領収書を発行してもらえないケースもあります。

　例えば銀行口座からの支払いは、領収書を発行してもらえません。その代わり、口座の履歴に記載される詳細が経費としての支出を証明するものになります。

　つまり、口座から支払うことができる経費であれば、わざわざ領収書を

もらう手間が省けますし、経費としての現金を管理する必要もなくなります。

➡ 領収書が出ない場合は「出金伝票」を使う

　そうはいっても、口座から直接支払うことも、領収書をもらうこともできない支払いもあります。

　例えば仕事関係で出席する結婚式の祝い金や、電車の運賃などのように、領収書がもらえない、もしくはもらいづらい支払いもあります。

　このような領収書がもらえない支払いについては、「出金伝票」を使います。出金伝票は文房具屋さんや100円ショップなどで売っています。

　出金伝票には、「支払った日時」「支払先」「支払額」「支払いの内容」などを記載します。結婚式の祝い金の場合には、結婚式の案内状や席次表などを保管しておきます。こうすることで、自分で作成した出金伝票の信憑性と客観性を上げることができます。

　今はコンビニやスーパーなどで買い物をすると、POSレジのレシートをもらうことがほとんどですが、原則をいえば、別途領収書をもらっておくのが一番確実です。ただし、現実には領収書がなくてもレシートがあれば経費として認められます。

　POSレジのレシートには、消費税率8％と10％のものが混在していても詳細が記載されていますので、このPOSレジのレシートを証拠とすることができます。

　いずれにしても、事業に必要な支払いをして、本当にその支払いをしていることを立証できて、はじめて経費になると考えてください。税務調査のときに調査官から指摘されて慌てないように、日ごろから証明書類である領収書を残す習慣を身につけましょう。

青色申告決算書と必要経費の種類

POINT　青色申告決算書や収支内訳書には、一般的に使用される必要経費の勘定科目が印刷されています。そこに記載されている勘定科目は、どのような経費が該当するのかを理解しておきましょう。

✓ チェック
□同じ支出を違う勘定科目で処理していないか
□青色申告決算書に記載されていない経費は自分で勘定科目を作成する

1 一般的な必要経費の詳細を把握する

　青色申告決算書には、あらかじめ必要経費の勘定科目が印刷されています。この勘定科目がどのような必要経費を指しているのかを、一通り理解しておきましょう。そしてこれらに該当する必要経費があれば、仕訳の際にこの勘定科目を割り当てるようにします。

　青色申告決算書に印刷されていなくても、「打合会議費」や「新聞図書費」といった勘定科目はよく使われるものです（▶234ページ を参照）。また、業種によっては独特の経費が発生することがあるので、その際は自分で新たに勘定科目を設けて、仕訳をするようにします。

■勘定科目ごとの主な経費

勘定科目	主な経費
租税公課	個人事業税、印紙税、登録免許税など
荷造運賃	宅配便やバイク便の料金など
水道光熱費	電気、水道、ガス代など
旅費交通費	電車代、バス代、タクシー代など。出張時の費用も含む
通信費	固定電話代、携帯電話代、郵便料金、インターネット代など

STEP
4

勘定科目	主な経費
こうこくせんでんひ **広告宣伝費**	広告代、名刺の制作費、ホームページの制作費など
せったいこうさいひ **接待交際費**	取引先との飲食代、お中元・お歳暮代など
そんがいほけんりょう **損害保険料**	火災保険料、営業車の損害保険料など
しゅうぜんひ **修繕費**	パソコンの修理代、営業車の修理代など
しょうもうひんひ **消耗品費**	10万円未満の備品、事務用品代など
げんかしょうきゃくひ **減価償却費**	10万円以上の固定資産とみなされるものを購入したときに減価償却を行って計上する費用
ふくりこうせいひ **福利厚生費**	スタッフのためのお茶菓子代、残業食事代など
きゅうりょうちんぎん **給料賃金**	スタッフへの給料など
がいちゅうこうちん **外注工賃**	仕事を外注した際の費用など
りしわりびきりょう **利子割引料**	事業資金を借り入れたときの利子など
ちだいやちん **地代家賃**	事務所や店舗の家賃、営業車の月極駐車場代など
かしだおれきん **貸倒金**	回収できなかった売掛金など
ざっぴ **雑費**	ほかの科目で処理できない業務上の出費など
うちあわせかいぎひ **打合会議費**	仕事の打ち合わせをしたときの飲食代など
しんぶんとしょひ **新聞図書費**	書籍代、専門誌代など
りーすりょう **リース料**	複合機のレンタル料など
しゃりょうかんけいひ **車両関係費**	事業で使う車がある場合のガソリン代や車検代など

※青色申告決算書などに印刷されていないが、事業を営む上で必要な経費がほかにあれば、自ら勘定科目を作成して仕訳をし、決算書に記載する。表の ▆▆▆ 部分は、その参考例。

減価償却する経費

POINT ▶ 必要経費のうち、取得価額が10万円を超える固定資産は、基本的に「減価償却」をします。青色申告の場合は、取得価額が30万円未満の固定資産であれば、減価償却せずに全額をその年の経費にできます。

✓
チェック
□10万円以上の固定資産は減価償却をする
□原則として減価償却は定額法で計算する

1 固定資産は減価償却するのが基本

　イスや机、建物のような「形のある資産」で、購入時の価格（取得価額）が10万円以上のものを「（有形）固定資産」といいます。

　固定資産に該当するものは何年にもわたり使用するので、取得価額の全額を購入した年の経費にすることができません。その代わりに、固定資産ごとに決められた年数に応じて、その年に該当する分だけを必要経費とします。このように処理する経費を、「減価償却費」といいます。

　減価償却費を計算するのに必要なのは、固定資産を購入したときの「取得価額」と固定資産ごとに定められている「耐用年数」、そして「償却方法」です。

▶ 取得価額10万円未満の固定資産は減価償却しなくていい

　取得価額は、固定資産の価格以外にも、購入したときの経費、例えば備品の輸送費・据え付け費なども原則として含みます。

　この取得価額が10万円未満(資本的支出は20万円未満。資本的支出とは、固定資産の使用可能期間を延ばしたり、価値を増加させる部分に対応する支出)であれば、全額をその年の経費にすることができます。

▶ 10万円から20万円未満の固定資産は「一括償却資産」も選択できる

　取得価額が10万円以上であっても20万円未満の固定資産であれば、耐

用年数に関係なく、取得価額の3分の1ずつを3年にわたって経費にすることができます。この処理をする勘定科目のことを「一括償却資産」といいます。もちろん通常通り固定資産として減価償却することもできますので、自分でどちらにするかを決めてください。

　通常の減価償却資産として計上する場合は、耐用年数に従って経費処理をすることになります。

　一括償却資産として計上する場合は、購入した日にちに関係なく、3年間で均等額を経費処理することができます。また、一括償却資産として計上すると、固定資産税の課税対象から外れることになります。

➡ 30万円未満の固定資産は少額減価償却資産の特例でその年の経費に

　青色申告を選択していると、30万円未満の減価償却資産（「少額減価償却資産」といいます）であれば、全額をその年の経費にすることができます。このようにして処理できるのは、年間で300万円までです。

　その資産の明細書を作成して確定申告書に添付するか、減価償却費の計算欄にその合計額を記入して明細書を保存しておきます。後者の場合は明細書を提出しないので、きちんと7年間保管しておくようにしましょう。

　この少額減価償却資産の特例は、令和8年3月31日までの時限的な措置となっています。これまで何度も延長されていますが、適用期限は必ず確認してください。

➡ 固定資産の使用期間年数である耐用年数

　固定資産がどのくらい使用できるか、法律によって定められた年数のことを「耐用年数」といいます。耐用年数は、資産ごとに決められています。例えばパソコンは4年、複合機は5年、普通自動車は6年です。

■固定資産の処理方法

	経費	一括償却資産	少額減価償却資産	固定資産
10万円未満	○	✕	✕	✕
10～20万円未満	✕	○ （白色申告者も可）	△ （青色申告者のみ）	○
20～30万円未満	✕	✕	△ （青色申告者のみ）	○
30万円以上	✕	✕	✕	○

2 減価償却費を計算する2つの方法

　固定資産の減価償却費の計算方法を償却方法といいますが、この償却方法には、「定額法」と「定率法」という2つの主な方法があります。

　定額法は、毎年一定の金額を経費にしていく方法で、耐用年数で均等割をする計算方法です。

　これに対して定率法は、年々一定の割合を経費にする方法です。定額法に比べて、購入した年の経費にできる額が大きくなります。

　節税の面では、定率法のほうが有利になります。例えば、飲食店など店舗で事業を行う場合、店舗の内装や店内の設備などは、定率法のほうが購入した年により多くの経費を計上することができます。売上が同じであれば、定率法で償却し、確定申告したほうが節税効果が働くので、運転資金など手元に残せるお金を多くできます。

　ただし、定率法を選択したい場合は、事前に管轄の税務署に「所得税の減価償却資産の償却方法の届出書」を提出することが必要です（ ▶STEP 4-5 を参照）。提出には期限があります。期限内に提出できなかった場合には、定額法で計算する決まりになっています。

■固定資産ごとに定められている耐用年数

建物	木造	店舗用		22年
		飲食店用		20年
		住宅用		22年
		事務所用その他		24年
	鉄筋コンクリート造	店舗用		39年
		飲食店用	木造内装の割合が3割超	34年
			木造内装の割合が3割以下	41年
		住宅用		47年
		事務所用その他		50年
建物附属設備	電気設備、給排水設備、ガス設備			15年
	冷暖房設備	冷凍機の出力22キロワット以下		13年
		その他		15年
	アーケード、日よけ設備	主として金属製		15年
		その他		8年
	店舗用簡易設備			3年
車両運搬具	小型自動車（総排気量0.66リットル以下）			4年
	貨物自動車	ダンプ式		4年
		その他		5年
	その他自動車			6年
	バイク			3年
	カーナビ			搭載した車両の耐用年数
器具・備品	事務机、いす、キャビネット	主として金属製		15年
		その他		8年
	陳列だな、陳列ケース	冷凍機または冷蔵機付		6年
		その他		8年
	家庭用冷蔵庫、エアコン			6年
	複合機／カラー複合機			5年
	パソコン	サーバ用		5年
		その他		4年
	ファクシミリ			5年

STEP 4

■定額法（平成19年4月1日以降に購入した減価償却資産）の計算方法

| 毎年の減価償却費 | = | 取得価額 | × | 定額法償却率 |

▶ 自動車（車両運搬具・その他自動車）を300万円で購入し、定額法で経費計上した場合

　取得価額300万円の自動車を、法的に決められている耐用年数の6年間で均等に割ると、1年あたりの減価償却費が50万円となります。毎年50万円ずつ6年間、減価償却費として計上し、確定申告を行います。

　上記の「取得価額×定額法償却率」の式で求めても同じ結果になります。

■定率法（平成24年4月1日以降に購入した減価償却資産）の計算方法

| 毎年の減価償却費 | = | 期首簿価（未償却残高） | × | 定率法償却率 |

▶ 自動車（車両運搬具・その他自動車）を300万円で購入し、定率法で経費計上した場合

　最初の年の「期首簿価（未償却残高）」は300万円です。耐用年数6年の場合の定率法償却率は0.333です。300万円×0.333＝99万9000円で、これが最初の年に計上する減価償却費になります。次の年の「期首簿価（未償却残高）」は300万円-99万9000円で、200万1000円になります。この200万1000円に0.333を掛けたものが、次の年の減価償却費になります。

　▶79ページの表に「改定償却率」「保証率」とあります。減価償却費が、取得価額×保証率で求める償却保証額を下回った場合は、下回った年から、改定取得価額に改定償却率を掛けた償却額で備忘価額1円になるまで償却を行います。改定取得価額とは、「未償却残高×定率法の償却率」が、はじめて償却保証額を下回った年の期首未償却残高のことです。

■耐用年数と償却率・改定償却率・保証率

耐用年数	H19/4/1 ～ 定額法 償却率	H24/4/1 ～ 定率法 償却率	改定償却率	保証率
2	0.500	1.000		
3	0.334	0.667	1.000	0.11089
4	0.250	0.500	1.000	0.12499
5	0.200	0.400	0.500	0.10800
6	0.167	0.333	0.334	0.09911
7	0.143	0.286	0.334	0.08680
8	0.125	0.250	0.334	0.07909
9	0.112	0.222	0.250	0.07126
10	0.100	0.200	0.250	0.06552
11	0.091	0.182	0.200	0.05992
12	0.084	0.167	0.200	0.05566
13	0.077	0.154	0.167	0.05180
14	0.072	0.143	0.167	0.04854
15	0.067	0.133	0.143	0.04565
16	0.063	0.125	0.143	0.04294
17	0.059	0.118	0.125	0.04038
18	0.056	0.111	0.112	0.03884
19	0.053	0.105	0.112	0.03693
20	0.050	0.100	0.112	0.03486
21	0.048	0.095	0.100	0.03335
22	0.046	0.091	0.100	0.03182
23	0.044	0.087	0.091	0.03052
24	0.042	0.083	0.084	0.02969
25	0.040	0.080	0.084	0.02841
26	0.039	0.077	0.084	0.02716
27	0.038	0.074	0.077	0.02624
28	0.036	0.071	0.072	0.02568
29	0.035	0.069	0.072	0.02463
30	0.034	0.067	0.072	0.02366
31	0.033	0.065	0.067	0.02286
32	0.032	0.063	0.067	0.02216
33	0.031	0.061	0.063	0.02161
34	0.030	0.059	0.063	0.02097
35	0.029	0.057	0.059	0.02051
36	0.028	0.056	0.059	0.01974
37	0.028	0.054	0.056	0.01950
38	0.027	0.053	0.056	0.01882
39	0.026	0.051	0.053	0.01860
40	0.025	0.050	0.053	0.01791
41	0.025	0.049	0.050	0.01741
42	0.024	0.048	0.050	0.01604
43	0.024	0.047	0.048	0.01664
44	0.023	0.045	0.046	0.01664
45	0.023	0.044	0.046	0.01634
46	0.022	0.043	0.044	0.01601
47	0.022	0.043	0.044	0.01532
48	0.021	0.042	0.044	0.01499
49	0.021	0.041	0.042	0.01475
50	0.020	0.040	0.042	0.01440

STEP 4

減価償却費の計算例

2 数量と購入した年月を記入する

5 償却率（または改定償却率）を記入する

1 固定資産に、自分でわかりやすい名称を付ける（翌年以降も同じ名称を使うこと）。複数の固定資産がある場合には固定資産ごとに行を分けて記入する

3 取得価額を記入する。税込経理を採用していれば税込の金額、税抜経理を採用していれば税抜の金額を記入する

○減価償却費の計算

減価償却資産の名称等（繰延資産を含む）	面積又は数量	取得年月	㋑取得価額（償却保証額）	㋺償却の基礎になる金額	償却方法	耐用年数	㋥償却率又は改定償却率	㊁本の期
カラー複合機	1	3.1	(450,000)	450,000 円	定額	5 年	0.200	
車	1	4.4	(2,250,000)	2,250,000	定額	6	0.167	
一括償却資産	2	6.5	(230,000)	230,000	一括	—	1/3	
少額減価償却資産		6・4	(250,000)	明細書を保管	—	—	—	
		・	( )					
		・	( )					
		・	( )					
計								

4 償却方法と耐用年数を記入する。耐用年数は77ページを参照

(注) 平成19年4月1日以後に取得した減価償却資産について定率法を採用する場合にのみ㋑欄のカッコ

耐用年数	H19/4/1〜 定額法 償却率	H24/4/1〜 定率法 償却率	改定償却率	保証率
カラー複合機　5年	0.200	0.400	0.500	0.10800
自動車　　6年	0.167	0.333	0.334	0.09911

STEP
4

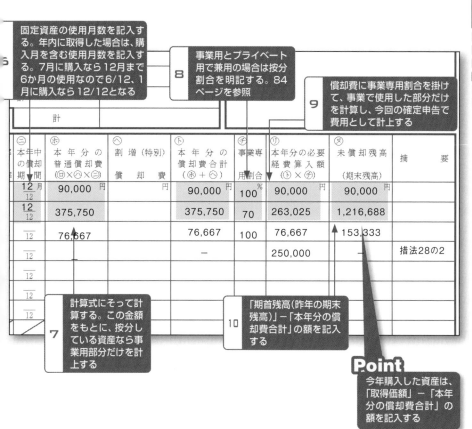

6

固定資産の使用月数を記入する。年内に取得した場合は、購入月を含む使用月数を記入する。7月に購入なら12月まで6か月の使用なので6/12、1月に購入なら12/12となる

8

事業用とプライベート用で兼用の場合は按分割合を明記する。84ページを参照

9

償却費に事業専用割合を掛けて、事業で使用した部分だけを計算し、今回の確定申告で費用として計上する

計

(リ)本年中の償却期間	(ホ)本年分の普通償却費（ロ）×（ハ）×（リ）	(ヘ)割増（特別）償却費	(ト)本年分の償却費合計（ホ＋ヘ）	(チ)事業専用割合	(リ)本年分の必要経費算入額（ト）×（チ）	(ヌ)未償却残高（期末残高）	摘要
$\frac{12}{12}$ 月	90,000 円	円	90,000 円	100 %	90,000 円	90,000 円	
$\frac{12}{12}$	375,750		375,750	70	263,025	1,216,688	
$\frac{}{12}$	76,667		76,667	100	76,667	153,333	
$\frac{}{12}$			－		250,000	－	措法28の2
$\frac{}{12}$							
$\frac{}{12}$							
$\frac{}{12}$							

7

計算式にそって計算する。この金額をもとに、按分している資産なら事業用部分だけを計上する

10

「期首残高（昨年の期末残高）」－「本年分の償却費合計」の額を記入する

Point

今年購入した資産は、「取得価額」－「本年分の償却費合計」の額を記入する

減価償却資産の償却方法の届出

POINT 固定資産の減価償却は、何もしなければ「定額法」で計算します。「定率法」を選択したい場合には、「所得税の減価償却資産の償却方法の届出書」を提出しないといけません。

✓チェック
□届出書を提出しない場合は「定額法」で計算する
□償却方法は年度の途中で変更できない

1 節税メリットが大きいのは定率法

固定資産は、基本的に減価償却をします。そのときの計算方法は2通りあり、ひとつは「定額法」、もうひとつは「定率法」です。

定率法を選択したい場合には、「所得税の減価償却資産の償却方法の届出書」を、確定申告書を提出する納税地の税務署に提出する必要があります。この書類を提出しない場合には、定額法しか選択できません。固定資産の償却方法に定率法を選ばないのであれば、何も手続きをしなくて大丈夫です。

提出期限は、開業した事業年度の確定申告の期限までとなっているため、令和6年中に開業したのであれば令和7年の3月17日までに提出します（本来の期限は3月15日ですが、令和7年は3月15日が土曜日のため翌月曜日の3月17日となります）。

定率法にするメリットは、定額法に比べて節税の効果が大きいことです。定率法で減価償却をすると、固定資産を購入した年に減価償却できる金額が定額法よりも多くなります。注意すべき点は、固定資産の償却方法を正当な理由なく途中で変更することができないことです。1年目は経費にできる額が多い定率法で償却し、2年目以降は定額法で償却するといったことはできません。また、年度の途中で変更することもできません。

なお、平成28年4月1日以後に取得する建物附属設備と構築物の償却方法は、定率法が廃止されて定額法のみとなりました。

「所得税の減価償却資産の償却方法の届出書」の記入例

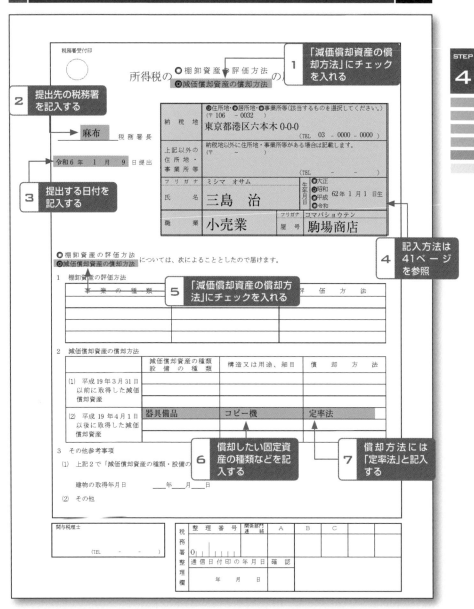

1 「減価償却資産の償却方法」にチェックを入れる

2 提出先の税務署を記入する

3 提出する日付を記入する

4 記入方法は41ページを参照

5 「減価償却資産の償却方法」にチェックを入れる

6 償却したい固定資産の種類などを記入する

7 償却方法には「定率法」と記入する

STEP 4

83

自宅兼事務所の経費は「按分」

POINT 自宅を事務所や店舗の一部として使用している場合には、「家事関連費」に該当する必要経費は「按分」します。最近は電気代以外の水道光熱費は経費とみなされない傾向があるので注意してください。

✓チェック
- □ 按分の割合は適切か
- □ 事業に関係ない支出を経費にしていないか

1 按分する経費の計算

事業収入から差し引ける支出は、事業用の支出に限られます。

しかし「自宅兼事務所」のように、事業とプライベートを兼用しているときの家賃や光熱費は、事業用とプライベート用の区別なく支払っています。このような場合は、どうすればよいでしょうか。

税務署から経費として認められるのは事業用の支出だけなので、支払っている金額のうち、事業用の部分だけが経費となります。具体的には、その支払金額の全額を100%として、例えば「事業用60%、プライベート用40%」などと分けて経費を計算します。その場合、もし支払金額が10万円であれば、60%分の6万円が経費になります。これを「按分」といいます。

事業とプライベートが混ざる経費には以下のようなものがあります。

- 自宅兼事務所における賃貸家賃
  （持ち家の場合は、減価償却資産の「建物」として、事業用割合の分を減価償却費として計上します。土地は減価償却の対象外のため、減価償却費は「建物」部分のみです。また、建物にかける損害保険料や、建物に対して課せられる固定資産税についても、事業用割合の分は経費として計上できます）
- 水道光熱費（電気・水道・ガス）
- 電話、FAX、インターネット代

●車を仕事とプライベート兼用にしている場合のガソリン（軽油）代、車検代、保険料、修繕費、減価償却費など

2 按分割合の決め方

　按分割合は、「どのくらいを事業用としているか？」をもとに算出します。他人が聞いて納得できる合理的な割合であれば、按分として認められます。

　自宅兼事務所の賃貸家賃は、事業用スペースの面積を基準とします。2DKの間取りのうち約30％を事業用として使用している場合には、按分割合を30％に設定します。

　水道光熱費や電話代などは、自宅を事務所にしたあとの料金から、それ以前の料金を差し引いた分を目安とします。あるいは便宜的に、家賃の按分割合と同じにしてもいいのですが、車については、事業用の「走行距離」あるいは「使用日数」で按分している人が多いようです。

　按分割合は、それぞれの状況によって異なります。

　例えば、打ち合わせスペースがなく来客の少ない自宅兼事務所なのに、水道代やガス代が多く計上されていたら問題です。なぜなら、計上した必要経費の額が、合理的な必要経費を上回ることになり、事業主が生活費として負担すべきものが必要経費に含まれてしまうからです。

　特にガス代や水道代は、合理的な負担割合にならない傾向があります。その費用は、事業用の費用ではなくて生活のための費用ではないかと、税務調査の際に指摘される可能性もあります。

　賃貸のアパートやマンションの場合には、家賃を按分して必要経費に計上できますが、持ち家の住宅ローンの元金部分は、按分して必要経費にすることはできません。ただし、持ち家（建物部分）の減価償却費、住宅ローンの金利、建物にかける火災保険料、建物に対して課せられる固定資産税は、按分して必要経費に計上できます。

第二部
確定申告書の作成

申告書の「第一表」と「第二表」は、誰もが作成して提出する書類です。また、青色申告者は「青色申告決算書」を、白色申告者は「収支内訳書」を作成して提出します。

STEP **5**

「所得から控除できる金額」を把握する

所得控除とは

POINT	事業収入から必要経費を差し引いて事業所得を計算したら、さらにそこから「所得控除」を差し引きます。所得控除は14種類あります。自分が受けられる所得控除は、もれなく受けるようにしましょう。

チェック
☑ □14種類の所得控除を理解する
　□受けられる所得控除はすべて受ける

1　個人の事情を加味する「所得控除」

　所得税は、基本的に所得額に応じて納税額が決められます。所得が同じであれば、職種や老若男女に関係なく、課せられる税額は基本的に同額です。

　ただし、そうはいっても、個人によって事情が異なります。同じ所得であっても、独身で一人暮らしをしている人もいれば、3人の子どもがいて、さらに年金生活の両親を扶養している人もいます。

　そこでこれらの個人的な事情が考慮され、所得税の負担が軽減されます。その方法が「所得控除（所得から差し引かれる金額）」です。計算した所得（所得金額）から所得控除を差し引くことで、納税者それぞれの事情を加味した公平な税制となるようにバランサーの役目を担っています。

　この所得控除は全部で14種類あります。どの控除を受けられるのかは申告者の事情によって異なるので、右の表の14種類の所得控除を理解して、受けられる控除はすべて受けるようにしましょう。

　所得控除を受けるためには、確定申告書の第一表と第二表に、所得控除の詳細や控除金額などを書き込みます（▶STEP 8 を参照）。また、所得控除を受けるには添付書類が必要になることがあります。添付書類は「その支出を証明できる書類」として取り扱われるので、忘れずに確定申告書と一緒に提出してください（▶116ページ を参照）。

■所得控除の一覧表

基礎控除	すべての人が該当する。合計所得金額によって異なる。
【控除額】 合計所得金額2,400万円以下は48万円、2,400万円超〜2,450万円以下は32万円、2,450万円超〜2,500万円以下は16万円、2,500万円超は0円	

雑損控除	災害や空き巣の被害にあった場合に受けられる。
【控除額】 ①差し引き損失額 − 総所得金額の合計額 × 10%　②差し引き損失額のうち、その被害に関連した支出額 − 5万円　※多いほう	

医療費控除	1年間に支払った医療費が一定額を超えた場合に受けられる。
【控除額】 ①支払った医療費 − 10万円　②支払った医療費 − 総所得金額の5%　※多いほう	

社会保険料控除	1年間に支払った社会保険料が該当。配偶者や扶養親族の分も含む。
【控除額】 支払った保険料の全額	

小規模企業共済等掛金控除	「小規模企業共済契約」などに支払った掛金の全額が該当。
【控除額】 支払った掛金の全額	

生命保険料控除	支払った生命保険料、介護医療保険料、個人年金保険料のうち一定額。
【控除額】 支払った生命保険料、介護医療保険料、個人年金保険料のうち一定額（原則としてそれぞれ4万円が上限で、合計で12万円まで）	

地震保険料控除	地震保険などに支払った保険料が該当。
【控除額】 支払った全額（上限5万円）　※加入している保険の種類による	

寄附金控除	国や地方公共団体、認定NPO法人などへ寄附した金額が該当。
【控除額】 ※寄附した金額 − 2千円　※その年の総所得金額等の40%相当額が限度になる	

障害者控除	申告者本人が障害者と認定されている。あるいはその家族（配偶者や扶養親族）が障害者の認定を受けている場合に該当する。
【控除額】 27万円（特別障害者の場合には40万円、同居特別障害者の場合には75万円）	

ひとり親控除（寡婦控除）	未婚のひとり親か、それに該当しない寡婦が該当。
【控除額】 ひとり親控除は35万円。ひとり親控除の対象外となる寡婦は27万円	

勤労学生控除	確定申告をする本人が「勤労学生」の場合に該当する。
【控除額】 27万円（合計所得金額が65万円以下などの要件を満たす場合に限る）	

配偶者控除	確定申告をする本人に配偶者（控除対象配偶者）がいる場合に該当。
【控除額】 13〜48万円　※ただし、確定申告をする本人の所得が1,000万円以下に限られる	

配偶者特別控除	確定申告をする本人の合計所得金額が1,000万円以下で、配偶者の合計所得金額が48万円以上133万円以下の場合に該当する。
【控除額】 最高で38万円	

扶養控除	扶養親族がいる場合、その人数分だけ受けられる。
【控除額】 原則として、1人あたり38万円	

STEP
5

医療費が一定額を超えた人

POINT ▶ 1年間に支払った医療費が一定額を超えた人は、「医療費控除」を受けられる可能性があります。医療費控除の対象となる支出には、家族の医療費やかぜ薬代なども含まれます。

チェック
- □家族の分の医療費も計算に含められる
- □「医療費控除の明細書」を作成し、領収書は保管する

1 自分の医療費だけでなく、家族の分も合計する

　医療費控除の額は、「1年間に支払った医療費−10万円」「1年間に支払った医療費−総所得金額の5%」のどちらか多いほうの額になります。

　病気やケガの治療といった医療費に該当する出費が、10万円か総所得金額の5%を超えた場合には「医療費控除」を受けられる可能性があります。1年間に支払った医療費は、自分の分以外にも配偶者や扶養親族の分も含みます。

　注意点は保険金を受け取った場合です。病気やケガの治療をした場合、傷害保険などに加入している人は保険金が支給されることがあります。その支給された保険金分は、支払った医療費から差し引く必要があります。

　そして差し引いた額が10万円（か総所得の5%）を超えていたときに、10万円（か総所得の5%）を超えた分の額だけを医療費控除として所得から差し引くことができます。控除額の上限は200万円です。

▶ 通院や入院のための交通費なども認められる

　治療のための費用だけでなく、ドラッグストアなどで購入したかぜ薬代や、治療を受けるために病院へ行くときの電車代やバス代といった公共交通機関の費用、オンライン診療の手数料なども医療費として認められます。

　感染症対策として購入したマスクや消毒液、医師の診断によるものではなく自主的に行った抗体検査やPCR検査費用などは医療費として認めら

れません（ただし、自主的に行ったPCR検査で陽性となった場合は、PCR検査費用は医療費として認められます）。

2 「医療費控除の明細書」を作成して添付する

医療費控除を受けるためには、申告書の第一表と第二表に記載するほかに、「医療費控除の明細書」を作成して提出します。かつては「医療費の領収書」を提出する必要がありましたが、現在は不要です（提示も必要ありません）。

「医療費控除の明細書」は、税務署でもらってくるか、国税庁のホームページからPDFファイルをダウンロードして印刷したものを使います。

領収書は5年間保管する必要がありますので、「医療費控除の明細書」のコピーを取っておき、提出した確定申告書の控えとともにまとめて保管しておいてください。電車代やバス代といった領収書が発行されない交通費は、毎回詳細をエクセルなどの表計算ソフトに記録しておき、それを印刷したものを領収書代わりに保管しておきます。

➡ 医療費控除として受けられる控除額の計算

医療費控除として受けられる金額は、実際に支払った医療費（交通費なども含む）から、保険金などで補充された金額を差し引き、さらにそこから10万円を差し引いた額になります。

例えば出産費用として60万円支払った場合、加入している健康保険から「出産育児一時金」として42万円補充されたとすると、60万円から42万円を差し引いた金額、つまり18万円から、さらに10万円を差し引いた8万円が医療費控除として受けられる額になります。

その他に、妊娠が認められたときからの通院に要した交通費や、自分や家族が病院で診察を受けたときの診察代や薬代なども医療費として一緒に計算します。

「医療費控除の明細書」の記入例

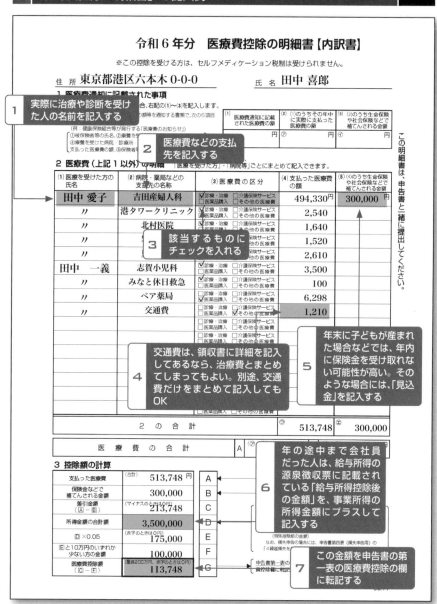

令和6年分　医療費控除の明細書【内訳書】

※この控除を受ける方は、セルフメディケーション税制は受けられません。

住 所　東京都港区六本木 0-0-0　　　　　氏 名　田中 喜郎

1 実際に治療や診断を受けた人の名前を記入する

2 医療費などの支払先を記入する

3 該当するものにチェックを入れる

4 交通費は、領収書に詳細を記入してあるなら、治療費とまとめてしまってもよい。別途、交通費だけをまとめて記入してもOK

5 年末に子どもが産まれた場合などでは、年内に保険金を受け取れない可能性が高い。そのような場合には、「見込金」を記入する

6 年の途中まで会社員だった人は、給与所得の源泉徴収票に記載されている「給与所得控除後の金額」を、事業所得の所得金額にプラスして記入する

7 この金額を申告書の第一表の医療費控除の欄に転記する

2 医療費（上記1以外）の明細

(1)医療を受けた方の氏名	(2)病院・薬局などの支払先の名称	(3)医療費の区分	(4)支払った医療費の額	(5)(4)のうち生命保険や社会保険などで補てんされる金額
田中 愛子	吉田産婦人科	☑診療・治療 □介護保険サービス □医薬品購入 □その他の医療費	494,330円	300,000円
〃	港タワークリニック	☑診療・治療 □介護保険サービス □医薬品購入 □その他の医療費	2,540	
〃	北村医院	☑診療・治療 □介護保険サービス □医薬品購入 □その他の医療費	1,640	
〃		☑診療・治療 □介護保険サービス □医薬品購入 □その他の医療費	1,520	
〃		☑診療・治療 □介護保険サービス □医薬品購入 □その他の医療費	2,610	
田中 一義	志賀小児科	☑診療・治療 □介護保険サービス □医薬品購入 □その他の医療費	3,500	
〃	みなと休日救急	☑診療・治療 □介護保険サービス □医薬品購入 □その他の医療費	100	
〃	ベア薬局	□診療・治療 □介護保険サービス ☑医薬品購入 □その他の医療費	6,298	
〃	交通費	□診療・治療 □介護保険サービス □医薬品購入 ☑その他の医療費	1,210	
		□診療・治療 □介護保険サービス □医薬品購入 □その他の医療費		
		□診療・治療 □介護保険サービス □医薬品購入 □その他の医療費		
2 の 合 計			513,748	300,000
医 療 費 の 合 計	A			

3 控除額の計算

支払った医療費	(合計) 513,748 円	A
保険金などで補てんされる金額	300,000	B
差引金額（A－B）	(マイナスのときは0円) 213,748	C
所得金額の合計額	3,500,000	D
D×0.05	(赤字のときは0円) 175,000	E
Eと10万円のいずれか少ない方の金額	100,000	F
医療費控除額（C－F）	(最高200万円、赤字のときは0円) 113,748	G

この明細書は、申告書と一緒に提出してください。

医療費の領収書のまとめ方（提出不要になったが、5 年間保管する）

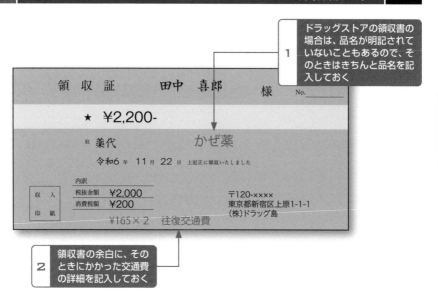

1 ドラッグストアの領収書の場合は、品名が明記されていないこともあるので、そのときはきちんと品名を記入しておく

```
領 収 証        田中 喜郎    様  No._____

★ ¥2,200-

但 薬代              かぜ薬

令和6 年 11 月 22 日 上記正に領収いたしました

　　　内訳
収　入   税抜金額  ¥2,000         〒120-××××
　　　   消費税額  ¥200          東京都新宿区上原1-1-1
印　紙                           (株)ドラッグ島
         ¥165×2  往復交通費
```

2 領収書の余白に、そのときにかかった交通費の詳細を記入しておく

STEP 5

通院のための交通費一覧

日にち	行き先	区間	料金
令和6年1月20日	○○病院	東京メトロ（六本木～広尾）×2	356円
令和6年1月23日	○○病院	東京メトロ（六本木～広尾）×2	356円
令和6年2月3日	○○病院	東京メトロ（六本木～広尾）×2	356円
令和6年3月23日	○○病院	東京メトロ（六本木～広尾）×2	356円
令和6年4月4日	△△整形外科病院	東京メトロ（六本木～上野）×2	418円
令和6年4月22日	△△整形外科病院	東京メトロ（六本木～上野）×2	418円
令和6年7月27日	△△整形外科病院	東京メトロ（六本木～上野）×2	418円
令和6年8月26日	△△整形外科病院	東京メトロ（六本木～上野）×2	418円
令和6年9月7日	○○タワークリニック	都営（六本木～赤羽橋）×2	356円
令和6年10月31日	○○タワークリニック	都営（六本木～赤羽橋）×2	356円

3 領収書のない交通費は、①日付、②行き先、③乗車区間、④料金の4つを明記する。通院のための交通費一覧をエクセルなどで作成し、それを印刷して保管しておく

セルフメディケーション税制を使った人

POINT

セルフメディケーション税制は、「特定一般用医薬品等購入費」を支払った場合に、一定の金額の所得控除を受けることができる制度です。

チェック
□ セルフメディケーション税制を受けられる要件を満たしているか
□ セルフメディケーションと医療費控除は同時に使えない

1 「セルフメディケーション税制」を受けられる要件

セルフメディケーション税制は、「特定一般用医薬品等購入費」を支払った場合に、一定の金額の所得控除を医療費控除として受けることができる制度です。自分が使用した特定一般用医薬品だけでなく、「生計を一にする配偶者やその他親族」が使用した分の特定一般用医薬品も含みます。

セルフメディケーション税制を受けるためには、以下の要件のいずれかを満たしている必要があります。

❶ 加入している健康保険の健康診断を受けている

❷ 予防接種を受けている

❸ 「メタボ健診」を受けている

❹ がん検診を受けている

2 「特定一般用医薬品」に該当するもの

「特定一般用医薬品」とは、医師によって処方される医薬品からドラッグストアで購入できる「OTC医薬品」に転用された医薬品です。

OTCはOver The Counterの略で、「カウンター越し（に薬を販売）」という意味です。OTC医薬品は、医師による処方せんを必要とせずに購入できる医薬品です。購入時に受け取るレシートには、対象商品名の先頭に「★」マークが付与されていたり、対象商品だとわかるように分けて記載されていたりします。

3　控除額の計算方法と、医療費控除との関係

　所得から控除できる額は、実際に支払った特定一般用医薬品等購入費の合計額から、1万2000円を差し引いた金額です。

　ただし、保険金などで補てんされた分は合計額から差し引きます。また、控除額の上限は8万8000円まで、となります。例えば、特定一般用医薬品等購入費の合計額が15万円の場合なら、15万円–1万2000円で13万8000円が控除額になるのではなく、購入費の合計額が15万円だったとしても、控除額は限度額までの8万8000円となります。

　また、セルフメディケーション税制は医療費控除の特例という点にも注意が必要です。医療費控除とセルフメディケーション税制を同時に使うことはできません。2つのうちどちらかを選択して申告することになります。

4　添付書類

　セルフメディケーション税制を受けるためには、「セルフメディケーション税制の明細書」を添付する必要があります。また、「健康の保持増進及び疾病の予防への取組（一定の取組）を行っていること」を明細書に記載します。 ▶94ページ の ①〜④のうち該当するものの名称を余白に記載してください。

　なお、以下の書類については添付不要となりましたが、5年間の保存義務があります。

➡「特定一般用医薬品等購入費」として証明できる書類

　領収書でもレシートでも大丈夫ですが、どちらの場合でも、以下の項目が記載されていることが必要です。

- ●商品名　●金額　●販売店名　●購入日
- ●当該商品がセルフメディケーション税制対象商品である旨

STEP
5

健康保険や年金を支払った人

POINT ➡ 国民健康保険や健康保険などの「社会保険」の保険料を支払ったり、国民年金や厚生年金などの「公的年金」の保険料を支払った人は、「社会保険料控除」という所得控除を受けることができます。

☑チェック
- □社会保険料は支払った全額が控除対象になる
- □国民年金は「控除証明書」を添付する必要がある

1 支払った額すべてを所得から差し引ける

　個人事業主やフリーランサーの場合、地方公共団体が運営する国民健康保険に加入しているか、業種によっては保険組合が運営している組合保険などに加入していることでしょう。

　いずれにしても「社会保険」と認められる保険料を支払っている場合には、1年間に支払った保険料の全額を「社会保険料控除」として所得控除を受けることができます。

　今年支払ったのであれば、過去の分をまとめて支払った場合や、翌年分の保険料を前納した場合でも、すべて支払った年分の控除になります。

　自分の社会保険料だけでなく、申告者が生計を一にする家族の分の保険料を支払っていれば、その分も合計した金額が控除額となります。

　ただし、扶養している配偶者の公的年金から特別徴収されている介護保険料などは、残念ながら控除対象にはなりません。

　土建業に従事する事業主などは、土建組合が運営する保険に加入していることが多いことでしょう。このような組合が運営している保険の場合には、保険料以外に「組合費」を払っていることがあります。社会保険料控除の控除額を計算するときには、この組合費を除き、純粋な健康保険料だけを合計します。

2 国民年金保険料や介護保険料も社会保険料控除に

　国民健康保険などの社会保険料以外にも、「国民年金保険料」や「国民年金基金」への掛金、そして40歳以上の被保険者が対象になっている「介護保険料」も、1年間に支払った全額が社会保険料控除の対象になります。

　また、令和6年1月から令和6年12月までの間に独立して個人事業主やフリーランサーになった人は、会社員のときに支払っていた（天引きされていた）「厚生年金」の保険料があるはずです。

　この厚生年金に支払った金額も、社会保険料控除の対象になります。独立してから支払った国民年金保険料と合算して控除額を計算してください。

➡ 国民年金は控除証明書が必要

　注意点としては、国民年金保険料と国民年金基金に関しては、日本年金機構が発行する「控除証明書」を確定申告書に添付する必要があります（国民健康保険の保険料については必要ありません）。

　控除証明書の「証明額」には、1月から9月までに支払った額の合計しか記載されていないことも多いので、自分で1年分の支払額を計算して、申告書の第一表と第二表に記入します。

「小規模企業共済」などに加入している人

POINT 　老後の備えと節税目的で「小規模企業共済」などへの加入を考えている人は、「小規模企業共済等掛金控除」という所得控除が受けられるかどうかを確認してから加入するようにしてください。

☑チェック
　□所得控除が受けられる制度かどうかを確認する
　□独立行政法人 中小企業基盤整備機構が発行する証明書を添付する

1 メリットが多い「小規模企業共済」

　「小規模企業共済」は、個人事業主などを対象にした共済制度のことです。小規模企業共済法に基づいて昭和40年に発足した制度で、個人事業主の退職金制度のようなものです。現在は独立行政法人 中小企業基盤整備機構によって運営され、家族を除いた従業員数が5人以下であれば加入できます。

　この小規模企業共済に対して1年間に支払った掛金の全額を所得控除できます。令和6年9月時点では、ひと月の最高掛金が7万円になっているので、最高で84万円の控除を受けることができます。また、前払いした掛金も、向こう1年以内のものであれば控除できるので、最高で168万円の所得控除が受けられます。

　さらに小規模企業共済に加入していて共済契約者として認められると、掛金の範囲内で貸付けを受けることもできます。貸付けの種類には、事業資金としての「一般貸付け」、病気などによる「傷病災害時貸付け」、新規事業の開店費用などの「創業転業時・新規事業展開等貸付け」、連鎖倒産の危機回避などの「緊急経営安定貸付け」などがあります。

　小規模企業共済等掛金控除を受けるためには、中小企業基盤整備機構が発行する証明書が必要です。申告書の第一表と第二表に記入したら、証明書も添付して提出してください。

　証明書には月の掛金が「証明額」に記載されているので、その掛金から

1年分の掛金を自分で計算する必要があります。

➡ 掛金は自由に設定できる

　掛金は、加入時に自分で決めた額を毎月支払います。

　ひと月あたりの最低支払額は1,000円、最高支払額は7万円です。その間の金額は500円単位で自由に設定することができます。

　前払いできるほか、支払額の変更も可能で、掛金が支払えない場合には一時的に支払いを止める「掛け止め」もできます。

　6か月以上積み立てると、廃業した場合に共済金を受け取れ、さらに12か月以上積み立てると、解約手当金を受け取ることもできます。

2　小規模企業共済等掛金控除を受けられるもの

　小規模企業共済のほかにも、以下に該当するものは、小規模企業共済等掛金控除として所得控除が受けられます。

❶ 小規模企業共済法の規定により、中小企業基盤整備機構と結んだ共済契約の掛金

❷ 確定拠出年金法に規定する企業型年金加入者掛金（確定拠出年金制度を採用している会社での個人負担分）、または個人型年金加入者掛金（iDeCoのこと。 ▶STEP 2-1 を参照）

❸ 地方公共団体が実施する心身障害者扶養共済制度の掛金

「終身保険」や「養老保険」に加入している人

POINT 生命保険会社などと契約する一般的な生命保険や養老保険、介護医療保険などに支払った保険料も、所得控除の対象になります。

✓チェック
☐ 所得控除の額は12万円が上限
☐ 「生命保険料控除証明書」を添付する

1 生命保険の掛金も、所得控除の対象になる

「生命保険料控除（せいめいほけんりょうこうじょ）」は、申告者本人やその配偶者、または扶養親族が「生命保険料」「共済掛金」「個人年金保険料」「介護医療保険料」などを支払った場合に受けられる所得控除です。

人の病気や死亡に対する保険が生命保険料控除の対象になるので、損害保険会社が扱っている「所得補償保険」の保険料も「生命保険料」に該当し、生命保険料控除の対象になります。

▶ 生命保険料控除の控除額を計算する

生命保険料控除は、平成24年分の確定申告から変わりました。本書では従来の方法を「旧制度」、平成24年分から適用されている方法を「新制度」として説明します。

契約の締結日が平成23年12月31日までの「旧契約」は旧制度で計算しますが、平成24年1月1日以後に締結した保険契約は新制度で計算します。旧契約でも、平成24年1月1日以後に保険契約の更新や特約中途付加などをした場合には新制度で計算します。

新制度では、従来からの「一般生命保険料控除（いっぱんせいめいほけんりょうこうじょ）」と「個人年金保険料控除（こじんねんきんほけんりょうこう じょ）」に加えて「介護医療保険料控除（かいごいりょうほけんりょうこうじょ）」が設けられました。

生命保険料、個人年金保険料、介護医療保険料について、それぞれ以下の表の計算式にあてはめて計算します。この方法で計算した金額の合計額

が生命保険料控除額となります。

年間の支払保険料の合計額	控除額
2万円以下	支払金額
2万円を超え、4万円以下	支払金額÷2＋1万円
4万円を超え、8万円以下	支払金額÷4＋2万円
8万円超	4万円

STEP
5

　ひとつあたりの控除額の上限が4万円なので、最高で12万円の控除額になります。

　旧契約と新契約の両方を契約している人は、各控除ごとに①旧制度のみで申告、②新制度のみで申告、③旧制度と新制度の併用で申告、のいずれかを選択することができます。

　①の場合は、生命保険料控除と個人年金保険料控除の2つだけで申告します。ともに上限額が5万円、合計10万円が最高控除額です。

　②の場合は各控除の上限が4万円、合計した12万円が最高額です。

　③の方法で申告する場合は、上限額の多いほうを採用していきます。例えば生命保険料控除と個人年金保険料控除は旧契約のほうが控除額が多いので（上限はともに5万円）、旧制度を採用します。そして新制度で加わった介護医療保険料の控除額が上限の4万円分であるなら、3つの控除額を合計すると14万円になる計算ですが、③の上限額は新制度の上限額と同じ12万円なので、2万円分は切り捨てられて、12万円が控除額となります。

	旧制度	新制度	採用する控除額	注意点
生命保険料控除	5万円	4万円	5万円	制度全体で受けられる控除額の上限は12万円。新旧併用すると最大で合計14万円になるが、12万円までの控除しか受けられない。
個人年金保険料控除	5万円	4万円	5万円	
介護医療保険料控除	なし	4万円	4万円	

　生命保険料控除を受けるためには、生命保険会社などが発行する「生命保険料控除証明書」が必要ですので、必ず確定申告書に添付してください。

自宅に「地震保険」をかけている人

POINT 　地震保険の掛金は、5万円を上限として所得控除を受けることができます。注意してもらいたいのは、「旧長期損害保険」に該当する保険契約や、自宅兼事務所（店舗）にかけた地震保険のある人です。

☑ チェック
- □「旧長期損害保険」に該当する保険があるか
- □自宅兼事務所（店舗）にかけた地震保険料は按分が必要

1 火災保険などを長期契約している人は注意

　「地震保険料控除」は、自宅を対象にした地震保険に加入している場合に受けられる所得控除です。

　控除額は、1年間に支払った保険料の全額で、上限は5万円です。

　地震保険とみなされる保険は、生活するための住居が地震などの被害を受けた際に補てんされる契約になっているものです。地震や噴火、津波などが原因で住居が破損したり、それらが原因で起きる火災などで住居が損壊したりしたときに保険金が支払われる保険の掛金が対象になります。

　この控除は平成19年分の確定申告から導入されたもので、それ以前は、住宅だけでなくモノ全般にかける火災保険や損害保険の保険料を対象とした「損害保険料控除」という所得控除でした。

　損害保険料控除は平成18年分で廃止されたので、長期で契約していた人が加入する保険のうち、以下の①〜③のすべてに該当するものだけが、特別に「旧長期損害保険」として地震保険料控除の対象にできます。控除額として組み込める上限は1万5000円です。

　旧長期損害保険として認められるためには、①〜③の条件をすべて満たしている必要があります。

❶ 保険期間が10年以上で満期返戻金（まんきへんれいきん）がある「長期損害保険契約」

❷ 平成18年12月31日までに契約していて保険期間が開始されている

❸ 平成19年1月1日以降に契約内容を変更していない

　注意点は、地震保険料と旧長期損害保険料の両方を支払っている場合です。

　地震保険の掛金が年間で5万円、旧長期損害保険の控除額が1万5000円という場合でも、合計した6万5000円ではなく、地震保険料控除の上限額である5万円が控除額になります。

2 　自宅兼事務所や自宅兼店舗の地震保険に注意

　自宅の一部を事務所や店舗としている場合には、按分を使って処理します（按分については ▶STEP 4-6 を参照）。水道光熱費などを経費とする際に使用した按分割合を、地震保険にも適用させます。

　地震保険料控除は所得控除のひとつなので、プライベートの部分の支出だけが該当します。按分割合に従い、プライベートの部分だけを地震保険料控除の控除額とします。

　例えば支払った地震保険料が3万円で、按分割合が2（私用）対1（仕事）の場合、自宅用に支払った地震保険料は2万円になるので、地震保険料控除の額も2万円になります。

　そして仕事用に該当する分の1万円は、事務所用（店舗用）の地震保険料として、事業所得の必要経費（勘定科目は「損害保険料（そんがいほけんりょう）」）とします。

STEP
5

夫や妻を養っている人

POINT 総所得が48万円以内の配偶者がいる場合には「配偶者控除」、48万円を超えていても、133万円以内であれば「配偶者特別控除」が受けられますが、両方を受けることはできません。

チェック
☐配偶者の所得が48万円以内なら「配偶者控除」
☐48万円を超えていても、133万円以内なら「配偶者特別控除」

1 「収入のない配偶者」を養っている人は「配偶者控除」

　申告者本人の合計所得金額が1,000万円以下で、「収入のない配偶者」を養っている人は、「配偶者控除」を受けることができます。配偶者控除を受けるには、その年の12月31日時点で、申告者と生計を一にする配偶者の年間合計所得金額が48万円以下の場合に限られます。この条件を満たす配偶者のことを「控除対象配偶者」といいます。

　控除額は、控除対象配偶者の年齢と、控除対象配偶者が特別障害者に該当するかどうかで異なり、最低で13万円、最高で48万円となります。控除を受けられる条件は以下の通りです。

❶ 配偶者の年間合計所得金額が48万円以下

❷ 配偶者は他の者の扶養親族ではない（▶STEP 5-9 を参照）

❸ 配偶者は青色申告や白色申告の事業専従者ではない（▶STEP 1-6 を参照）

■配偶者控除の控除額

確定申告をして配偶者控除を受ける人の合計所得金額（カッコ内は給与所得のみの年収）	配偶者控除の控除額	
	控除対象配偶者	老人控除対象配偶者
900(1,095)万円以下	38万円	48万円
900(1,095)万円超 950(1,145)万円以下	26万円	32万円
950(1,145)万円超 1,000(1,195)万円以下	13万円	16万円
1,000(1,195)万円超	0	0

　※「老人控除対象配偶者」は、令和6年12月31日時点の年齢が70歳以上の控除対象配偶者。

2　パートやアルバイトで稼いでいる配偶者がいる場合

　生計を一にする配偶者の年間合計所得金額が48万円を超えている場合には、配偶者控除は受けられませんが、「配偶者特別控除」という控除を受けられる可能性があります。

　この配偶者特別控除は、確定申告をする本人の合計所得金額が1,000万円以下で、生計を一にしている配偶者の合計所得金額が48万円超〜133万円以下の場合に受けられる所得控除です。

　配偶者が白色申告の事業専従者や青色申告の青色事業専従者になっている場合には、配偶者控除も配偶者特別控除も受けられません。

STEP
5

■配偶者特別控除の控除額

配偶者の合計所得金額	確定申告をして配偶者特別控除を受ける人の合計所得金額（カッコ内は給与所得のみの年収）			
	900(1,095)万円以下	900(1,095)万円超950(1,145)万円以下	950(1,145)万円超1,000(1,195)万円以下	1,000(1,195)万円超
48万円超95万円以下	38万円	26万円	13万円	
95万円超100万円以下	36万円	24万円	12万円	
100万円超105万円以下	31万円	21万円	11万円	
105万円超110万円以下	26万円	18万円	9万円	
110万円超115万円以下	21万円	14万円	7万円	0
115万円超120万円以下	16万円	11万円	6万円	
120万円超125万円以下	11万円	8万円	4万円	
125万円超130万円以下	6万円	4万円	2万円	
130万円超133万円以下	3万円	2万円	1万円	
133万円超	0			

子どもや両親を養っている人

POINT ▶ 合計所得金額が48万円以下の16歳以上の子どもや両親を養っている人は「扶養控除」を受けることができます。同居していなくても、「生計を一にしている」のであれば受けられる控除です。

✓チェック
- □子どもが「控除対象扶養親族」に該当するかを確認する
- □年金をもらっている両親の年金額に注意する

1 「扶養親族」とみなされる条件

以下の4つの条件を満たしている人が「扶養親族（ふようしんぞく）」とみなされます。

❶ 配偶者以外の親族（6親等内の血族、3親等内の姻族）、都道府県知事から養育を委託された児童、市町村長から養護を委託された老人
❷ 納税者である人と「生計を一にしている」（同居せずに一人暮らしをしている学生の子どもや、遠方で生活している両親などであっても、生活費を仕送りしていれば該当する）
❸ 年間の合計所得金額が48万円以下
❹ 青色・白色申告者の事業専従者として給与の支払いを受けていない

　扶養親族のうち、16歳以上の人を「控除対象扶養親族（こうじょたいしょうふようしんぞく）」といい、「扶養控除（ふようこうじょ）」を受けることができます。控除額は、控除対象扶養親族の年齢によって異なります。

区分	扶養控除の控除額
一般の控除対象扶養親族	38万円
特定扶養親族（19歳以上 23歳未満）	63万円
老人扶養親族（70歳以上で同居していない）	48万円
老人扶養親族（70歳以上で同居している）	58万円

2 　子どもがアルバイトで稼ぎすぎたら注意

　子どもが高校生になると、アルバイトを始めるケースがあります。

　そのアルバイトの収入が年間で103万円（所得金額48万円）を超えてしまうと、扶養親族の条件から外れてしまいます。

　確定申告をする人が扶養控除を受けられなくなるだけでなく、アルバイトをしている子どもも確定申告をして、正しい額の所得税を納める必要が出てきます。

　そのような場合であっても、子どもが学生で、アルバイトの収入が130万円以内の給与収入だけであれば、「給与所得控除の55万円」（▶STEP 10-3を参照）と「基礎控除の48万円」に加えて、「勤労学生控除の27万円」（▶STEP 5-1 を参照）を差し引くことができるので、課税所得金額はゼロになります。

　確定申告をする人が扶養控除を受けられるようにはなりませんが、子どものアルバイトの給料から源泉徴収されているのであれば、子どもが確定申告をすると、その源泉徴収された所得税を還付してもらえます。

3 　扶養親族の両親が年金をもらっている場合にも注意

　生計を一にしている両親が年金受給者の場合には、以下の条件を満たしている場合にのみ、確定申告をする人は扶養控除を受けられます。

❶ 65歳以上※……公的年金のみで、1年間の受給額が158万円以下

❷ 65歳未満※……公的年金のみで、1年間の受給額が108万円以下

※令和6年12月31日時点の年齢で計算する。

地震や火事、盗難などで家財に被害を受けた人

POINT → 天災などで家財を損失した場合には、「雑損控除」を受けることができます。盗難や横領による被害でも控除を受けられますが、「振り込め詐欺」などの詐欺被害は対象外です。

☑チェック
□雑損控除の対象となる家財と災害の種類を確認する
□事業用資産の損害は必要経費として扱う

1 災害や盗難は控除できるが詐欺はNG

　地震や台風などの被害を受けて住居などを補修したり、空き巣などによる盗難で家財が損失を被った場合には、「雑損控除」という所得控除を受けることができます。

　この雑損控除を受けるためには、税法で決められている「被害を受けた資産の種類」と、「被害を与えた災害（など）」に該当しないといけません。税法上では、雑損控除の対象となるのは「生活に必要とされる住宅や家具、衣類などの資産」です。これらに該当しない別荘や、30万円を超える貴金属、骨董品などは対象外です。また、以下のケースに該当する災害などは資産に損害を与えたと認められます。

❶ 地震、台風、洪水、冷害、雪害、落雷といった、自然現象の異変によって起きた災害

❷ 火災などの人為的に起きた災害

❸ シロアリなどの害虫などの生物による災害

❹ 空き巣による盗難や、横領による被害

　注意すべきなのは、「振り込め詐欺」などをはじめとする詐欺や、恐喝による被害で資産に損害を受けても、雑損控除を受けることはできないという点です。

2 　事業用資産の損失は必要経費として計算する

　また、個人事業用の資産や棚卸資産（たなおろししさん）（販売目的で仕入れた商品や製品など）は個人的なものではないので、雑損控除の対象外です。

　個人事業主の事業用資産が損失したときは、その損害額を事業所得の必要経費として計算します。固定資産の帳簿価額（ちょうぼかがく）（固定資産の帳簿価額は、取得原価から、これまでに定額法か定率法によって減価償却費として計上した分を差し引いたものを指します）に、取り壊し費用などの金額を加算した金額から、保険金などによって穴埋めされた額を差し引いた金額が損害額になります。

　この結果、事業所得が赤字となった場合には、青色申告者は翌年以降3年間その赤字を繰り越すことができます（▶STEP 2-2 を参照）。

3 　雑損控除として受けられる控除額の計算方法

　雑損控除の控除額は、以下の計算式で求めた額のうち、多いほうの金額になります。

①	損失の全額	− (所得金額の合計額 × 10%)
②	災害によって支出した金額	− 5万円

　①の「損失の全額」とは、その資産の購入時の金額の合計ではなく、損失を受けたときの時価を合計した金額です。資産にかけていた保険が適用されて保険金を受け取った場合には、その分を差し引いて計算します。

　②の計算式で申告をする人は、「災害によって支出した金額」を証明できる領収書などの書類が必要です。確定申告書とともに税務署に提出するか、あるいは確定申告書提出の際に提示してください。

ある特定の団体に寄附した人

POINT 国から認定された団体へ寄附した場合には、「寄附金控除」を受けることができます。災害などで拠出した義援金も、相手が控除対象の団体で、領収書があれば寄附金控除の対象になります。

チェック
- □寄附をした団体は寄附金控除の対象となる団体か
- □政党などへの寄附金は「政党等寄附金特別控除」も選択可能

1 「寄附金控除」は寄附する団体に注意

　国によって認定された団体に2,000円以上の寄附をした場合には、「寄附金控除」を受けることができます。

　この寄附金控除は、以下のような条件を満たしている団体や活動への寄附でなければ認められません。

❶ 国、地方公共団体
❷ 財務大臣が指定した公益法人
❸ 学校法人、社会福祉法人などの特定の団体
❹ 認定NPO法人や特定公益増進法人
❺ 政治活動に対する寄附金

　ちなみに日本で認証されているNPO法人の数は5万を超えますが、寄附金控除の対象として認められている認定NPO法人（仮認定NPO法人を含む）の数は1,300弱くらいしかありません（令和6年9月時点）。寄附金控除の対象となっている認定NPO法人は圧倒的に少ないので注意してください。

　寄附をした団体が寄附金控除の対象になっているかどうかを確認するには、その団体に直接問い合わせてください。あるいは一部の団体は、寄附金控除の対象として地方自治体もしくは内閣府のホームページに団体名が

記載されているので、そこでも確認できます。義援金の代表的な支出先である日本赤十字社およびそれに協力する募金団体、社会福祉法人中央共同募金会は、寄附金控除の対象になっています。

　もうひとつ注意すべき点は、政党などへの寄附金です。政党や政治資金団体への寄附は、寄附金控除か、税額控除の「政党等寄附金特別控除」
(▶STEP 6-2 を参照) のいずれかを選んで受けることができます。

STEP
5

2　寄附金控除の控除額と提出書類

　寄附金控除として控除できる金額は、寄附した金額によって異なります。寄附金控除として控除できるのは、以下のいずれか低いほうの金額から2,000円を差し引いた金額です。

① その年に支出した特定寄附金の額の合計額

② その年の総所得金額等の40％相当額

　控除額は、申告書の第一表と第二表の寄附金控除の欄に記入します。申告書には寄附した金額を証明できる領収書を添付する必要があるので、寄附した際には領収書をもらって保管しておきましょう。

　街頭の募金やコンビニのレジ横の募金箱では、支払った証明が残らないので控除を受けることはできません。

　一方で、例えばユニセフの「マンスリーサポート・プログラム」のように、毎月一定の金額を寄附している場合には、年末に寄附した額を記載した領収書を郵送してくれる場合が多いようです。受けられる控除をみすみす逃してしまうことがないよう、領収書はきちんと保管しておきましょう。

ふるさと納税をした人

POINT ふるさと納税は、税法上は自治体に寄附金を払っていることになるので、一定の寄附（2,000円以上）をすると、税制の優遇措置を受けられる可能性があります。

チェック
- □「納税」という名前が付いているが、寄附金と同じ扱いで計算する
- □所得税よりも住民税のほうが大きな控除を得られる

1 「ふるさと納税」の流れ

　「ふるさと納税」とは、簡単にいうと、都道府県、市区町村への「寄附」です。①寄附した先から特産品がもらえる、②好きな自治体に寄附できる（もらいたい特産品のある自治体に寄附できる）、③寄附した金額は寄附金控除として申告できる（所得税と住民税を軽減できる）、といった特徴があります。

　今年、独立して個人事業主になった人で、会社員だった昨年にふるさと納税をしていた人は、「ワンストップ特例制度」という便利な制度を利用していたかもしれません。

　ワンストップ特例制度は、以下の両方に該当する場合に利用できる、「ふるさと納税をしても、確定申告をしなくてもいい」制度です。

❶ 会社員など、もともと確定申告をする必要がない人
❷ 寄附先が5自治体以内（寄附先が5自治体以内であれば、6回以上ふるさと納税を行っても該当する）

　個人事業主やフリーランサーの場合は、①に該当しませんので、このワンストップ特例制度は利用できません。ですから、個人事業主やフリーランサーの人がふるさと納税を行ったときには、確定申告の際に寄附金控除の計算を忘れずに行う必要があります。

　個人事業主は、確定申告をしてから税金を納めるのが普通の流れですが、ふるさと納税を利用すると、「先に納税する（寄附する）」→「特産品をもらう」→「確定申告をして所得税を納める（その際に、納める所得税の一部が軽減される）」→「軽減された住民税の納付書が届く」という流れになります。

　先に出費が発生しますが、特産品というプレゼントがあり、なおかつ納税額の一部を軽減できるというメリットがあります。

STEP
5

2　ふるさと納税による寄附金控除の控除額と提出書類

　とはいえ、誰もがふるさと納税で寄附した金額を差し引けるわけではありません。まず、ふるさと納税として寄附金控除を受ける対象となる納付（寄附）額は、納付した全額ではなく、その人の総所得金額の40％が上限となります。

　個人事業主としての事業所得（事業収入から必要経費を差し引いたもの）以外に収入がなければ、これが総所得金額になります。例えば事業所得500万円の個人事業主であれば、ふるさと納税によって得られる寄附金控除は、たとえふるさと納税に1,000万円を支払っていたとしても、上限は200万円（500万円の40％）になります。

　ふるさと納税に関して、寄附金控除の額を求める計算式は、

> （ふるさと納税で納付した金額−2,000円）　×　所得税率　×　1.021

となります。つまり、2,000円以上のふるさと納税をしていない人で、はかにも寄附を行っていない場合には寄附金控除を受けられません。さらに、2,000円以上のふるさと納税をしていても、計算の対象となるのは総所得金額の40％までです。

　令和19年度までは2.1％の復興特別所得税が加算されるので ▶STEP 1-2

を参照）、最後に1.021を掛けた金額が、ふるさと納税による寄附金控除の額となります。例えば、事業所得500万円、所得税率23%の人が5万円のふるさと納税をした場合は、

$$(50,000円 - 2,000円) \times 23\% \times 1.021 = 11,271円 \text{（小数点以下は切り捨て）}$$

となり、11,271円の寄附金控除を受けることができます。

確定申告書を提出する際には、添付書類台紙（▶STEP 1-7 を参照）の「寄附金控除関係書類」のところに、ふるさと納税を行った自治体から送られてきた「寄附金受領証明書」を貼り付けます。

寄附先が多いと寄附金受領証明書も複数枚になりますが、「特定事業者（『さとふる』『ふるさとチョイス』『ふるなび』など）」を介してのふるさと納税であれば、特定事業者が発行する「寄附金控除に関する証明書」を添付するだけで大丈夫です。

3　大きいのは「住民税」の部分

ふるさと納税では、所得税だけでなく住民税の控除も受けられます。所得税よりも住民税の控除が大きいのが、ふるさと納税の特徴です。

以下の①と②の合計額が、住民税から控除されます。

❶ 通常の税額控除分（基本分とも呼ばれる）
❷ 都道府県、市町村または特別区に対する寄附の場合の特例控除分（特例分とも呼ばれる）

基本分は、「（ふるさと納税額−2,000円）×10％」で計算します。注意点は、ふるさと納税額の上限が総所得金額の30％と、所得税に比べて10%低いことです。

特例分は以下の2つの計算式のうち、少ないほうの金額が適用されます。

| （ふるさと納税額−2,000円） | × | （1−10％−所得税率） |

| | 住民税額所得割 | ×20％ |

STEP
5

例えば、先ほどの「ふるさと納税額5万円」のケースでは以下のように
なります。

❶ 基本分　（50,000円−2,000円）×10％＝4,800円
❷ 特例分　（50,000円−2,000円）×（1−10％−23％）＝32,160円
　（住民税額所得割×20％のほうが多かったとした場合）

よって、4,800円＋32,160円＝36,960円が、住民税から差し引かれます。

4　確定申告を済ませれば、あとは確認するだけ

　住民税に関しては、確定申告を済ませておけば、住民税の計算は各自治
体が行ってくれて、ふるさと納税による控除分を差し引いてくれます。
　申告書の第二表にある、「寄附金控除に関する事項」の「寄附先の名称等」
「寄附金」の欄と、「住民税・事業税に関する事項」の「都道府県、市区町
村への寄附」の欄に、ふるさと納税として納付した金額を記入することを
忘れないようにしてください（ ▶STEP 8-2 を参照）。
　きちんと差し引かれているかどうかは、6月頃に自治体から送付されて
くる住民税の課税明細書で確認します。万が一、ふるさと納税分で差し引
かれるはずの金額が差し引かれていないときには、自治体に直接問い合わ
せてください。

所得控除を受けるために必要な添付書類

所得控除名	添付書類	添付方法
医療費控除	●医療費控除の明細書（国税庁HPに書式あり） ●※医療費通知（医療費のお知らせ）（原本） ※医療費通知を添付し、明細の記載を省略する場合 ●各種証明書（おむつ証明書など）	添付（申告書と一緒に提出）あるいは5年間保存
セルフメディケーション税制	セルフメディケーション税制の明細書（国税庁HPに書式あり）	
社会保険料控除	国民年金保険料、国民年金基金の掛金については、「社会保険料（国民年金保険料）控除証明書」など	
小規模企業共済等掛金控除	支払った掛金額の証明書	
生命保険料控除	支払額などの証明書	
地震保険料控除	支払額などの証明書	
寄附金控除	●寄附した団体などから交付を受けた寄附金の受領証明書 ●特定の公益法人や学校法人などに対する寄附や、一定の特定公益信託の信託財産とするための支出については、その法人や信託が適格であることなどの証明書、または認定証の写し ●政治献金については、選挙管理委員会等の確認印のある「寄附金（税額）控除のための書類」	添付書類台紙などに貼って申告書と一緒に提出するまたは申告書提出の際に提示
勤労学生控除	●各種学校や専修学校の生徒であることの証明書 ●職業訓練法人の認定職業訓練を受けている人は、その学校や法人から交付される証明書	
配偶者（特別）控除 扶養控除 障害者控除	国外居住親族について控除の適用を受ける場合は、「親族関係書類」および「送金関係書類」	
雑損控除	災害等に関連してやむを得ない支出をした金額についての領収書	

（注）

e-Tax（▶STEP 8-6 を参照）の場合は書類添付は不要。ただし、5年間は保存することが必要

STEP 6
所得税額を確定する

所得税額を計算する

POINT ➤ 事業所得から所得控除を差し引いたら、「課税される所得金額」が求められます。所得の額によって税率と控除額が異なるので、間違えずに計算してください。

☑チェック
- □税率を掛ける前の課税所得金額は1,000円未満を切り捨てる
- □100円未満の納税額は切り捨てる

1 所得税は所得に応じて税率が変わる 「累進課税」

　所得税は、「課税所得」に課せられる税金です。課税所得は、収入から必要経費を差し引き、さらに所得控除を差し引いた金額です。

　この課税所得は「課税される所得金額」ともいわれ、金額に応じて税率と控除額が決まります。課税所得の金額が多い人ほど、課せられる税率が高くなりますが、差し引ける控除額も多くなります。所得税は「累進課税（るいしんかぜい）」の対象なので、このような計算方法で求めるのです。

　申告書の第一表では、「所得金額等」の欄にある「合計」から、「所得から差し引かれる金額」の欄にある「合計」を差し引いた金額が、課税される所得金額になります（▶STEP 8-2 を参照）。

　例えば課税所得金額が300万円の場合には、以下の計算結果が所得税になります。 ▶119ページ の表の「課税所得金額」「税率」「控除額」を見てください。

■所得税の計算例（課税所得金額が300万円の場合）
　課税所得金額3,000,000円×税率10%−控除額97,500円
　＝所得税202,500円

　なお、計算時には課税される所得金額（課税所得）の1,000円未満の端数金額を切り捨ててから所得税を計算します。

所得税額を確定する

STEP 1　STEP 2　STEP 3　STEP 4　STEP 5　**STEP 6**　STEP 7　STEP 8　STEP 9　STEP 10

■所得税の計算（課税所得金額に対する税率と控除額）

課税所得金額	税率	控除額
1,000円から1,949,000円まで	5%	―
1,950,000円から3,299,000円まで	10%	97,500円
3,300,000円から6,949,000円まで	20%	427,500円
6,950,000円から8,999,000円まで	23%	636,000円
9,000,000円から17,999,000円まで	33%	1,536,000円
18,000,000円から39,999,000円まで	40%	2,796,000円
40,000,000円以上	45%	4,796,000円

STEP
6

2　「復興特別所得税」を計算する

　平成25年分の所得から、個人には「復興特別所得税」が課せられています。所得税額に復興特別所得税をプラスした額を納税する義務があります。

　復興特別税の税額は、所得税額の2.1％です。例えば所得税額が10万円の場合、その2.1％にあたる「2,100円」になりますので、合計の10万2100円を納税することになります。100円未満の端数が出た場合には、切り捨てます。この復興特別税は、令和19年分の所得まで課税されます。

■復興特別所得税の計算式

復興特別所得税額	=	基準所得税額	× 2.1%

3　最後に「税額控除」を差し引く

　所得税額と復興特別所得税額を計算したら、最後に「税額控除」に該当するものがあるかどうかを確認します。詳しくは ▶STEP 6-2 ▶STEP 6-3 を参照してください。

納税額から差し引ける「税額控除」

POINT 　納めるべき所得税額が決まってから、さらにそこから差し引くことができる控除があります。これを「税額控除」といいます。税額控除は納税額に直接影響するので、計上もれがないようにしましょう。

☑チェック
- □該当する税額控除があるか確認する
- □計算が複雑な税額控除に注意する

1 該当する税額控除を探す

　税額控除（ぜいがくこうじょ）とは、納税額から一定の金額を控除できるものです。所得控除との違いは、所得控除は納税額の計算前に控除するものですが、税額控除は納税額の計算後に控除できるものです。節税効果は税額控除のほうが大きくなります。

　例えば、納税額を計算したあとに「2万円の税額控除」が計上できるとわかった場合には、「納税額−2万円」となり、納税額が2万円安くなります。

　一方、「2万円の所得控除」が計上できるとわかった場合には、「納税額＝（課税される所得金額−2万円）×税率」となりますので、納税額が2万円安くなることはありません（▶STEP 1-2 の図を参照）。

　本書では、主な税額控除について説明します。

➡ 配当控除

控除額の計算 　配当所得×10%（原則）

　配当控除（はいとうこうじょ）とは、株式の配当金といった「配当所得」のある人が受けられる控除です。プライム・スタンダード・グロースといった証券市場に上場されている「上場株」の配当金を受け取ったときには、すでに20.315%（所得税15.315%、住民税5%）の税率で源泉徴収されています。配当所得が上場企業株式の配当金だけの場合で、なおかつ課税所得金額に対する適用税率が23%以下であれば、配当控除を適用すると通常は有利です。

　配当控除を受けられる配当所得は、日本国内に本店のある法人からの剰余金や利益の配当、証券投資信託の収益の分配金などです。ただし、株式投資信託の収益分配金などに対する配当控除率は半分（5％）になります。外国法人から受ける利益の配当では認められません。

➜ 政党等寄附金特別控除

控除額の計算　以下のうち額が少ないほう

　　① （その年に政党などに寄附した寄附金−2,000円）×30％

　　② 最高で所得税額の25％

　ある一定額以上を特定の団体に寄附した場合には、寄附金控除が受けられます（▶STEP 5-11 を参照）。政党や政治団体へ寄附した場合には、税額控除の政党等寄附金特別控除を受けるか、所得控除の寄附金控除を受けるか、どちらかを選ぶことができます。

➜ 外国税額控除

控除額の計算　（国外所得総額÷所得総額）×所得税の額

　外国株の配当金を受け取ったときなどは、その外国で源泉徴収されているのに、さらに日本でも源泉徴収されてしまうことがあります。

　米国株の配当金では、米国の源泉徴収税率10％と日本の源泉徴収税率15.315％が徴収されています。これではひとつの所得に対して二重に課税されてしまうことになるので、外国税額控除を受けて調整します。

効果が大きい「住宅ローン控除」

POINT ▶ 控除額が高額になることから、税額控除で最も知られているのが「住宅ローン控除」です。耐震改修を行っていた場合の税額控除もあります。

☑チェック
- □マイホームの購入と改築が対象になる
- □添付書類が多いので注意する

1 マイホームの購入や増改築時の住宅ローンに適用

→ 住宅借入金等特別控除（住宅ローン控除）

控除額の計算　　通常の住宅：14万円（1年あたりの最大控除額）

認定住宅：31.5万円（1年あたりの最大控除額）

　マイホームの購入や増改築のために住宅ローンなどを利用した場合に受けられる税額控除です。一般的に「住宅ローン控除」と呼ばれていますが、正式には「住宅借入金等特別控除」といいます。

　令和6年内にマイホームを購入した人が受けられる住宅ローン控除の詳細は、▶123ページ の表の通りです。令和6年1月以降に購入した住宅に入居し、新たに制度の申請をした人（令和7年末までに、購入した住宅に入居した人）が対象となります。

　通常の住宅は、▶123ページ の表の「上記以外の住宅」があてはまります。税額控除できる額は、年末の住宅ローン残高×控除率0.7％で求めます。ただし、表の「借入限度額」以上の住宅ローン残高があっても、限度額を超える部分は「年末の住宅ローン残高」に含められません。年末の住宅ローン残高×控除率0.7％の計算を毎年行い、住宅ローン控除の額を求めます。また、住宅ローン控除を適用できる期間が定められています。それが、表の「控除期間」です。

2　控除対象となる住宅の種類

■新築の場合

住宅種類	居住を始めた年	借入限度額	控除率	控除期間	最大控除額
認定住宅（※1）	令和4年～令和5年	5,000万円	0.7%	13年	455万円
	令和6年～令和7年	4,500万円			409.5万円
ZEH水準省エネ住宅（※1）	令和4年～令和5年	4,500万円			409.5万円
	令和6年～令和7年	3,500万円			318.5万円
省エネ基準適合住宅（※1）	令和4年～令和5年	4,000万円			364万円
	令和6年～令和7年	3,000万円			273万円
上記以外の住宅（※2）	令和4年～令和5年	3,000万円			273万円
	令和6年～令和7年	2,000万円		10年	140万円

※1 子育て世帯、若者夫婦世帯が令和6年に入居する場合には、令和4
　　年、または5年入居の場合の借入限度額を維持

※2 令和5年12月31日までに建築確認を受けたもの、または令和6年6
　　月30日までに建築されたものに限る

認定住宅とは、以下の要件を満たしている住宅のことです。

❶ 床面積が50平方メートル以上の家屋

❷ 家屋の床面積の2分の1以上が自己の居住

❸ 認定住宅等に該当すると証明されたもの

❹ 新築か、建築後使用されたことのない家屋

　ZEH水準省エネ住宅とは、ZEH（ネット・ゼロ・エネルギー・ハウス）
といって、高断熱などで省エネを実現し、さらに太陽光などでの創エネを
兼ね備えた住宅を指します。省エネ基準適合住宅は、創エネ機能はないも
のの、高断熱での省エネを実現した住宅を指します。

　住宅ローン控除は、購入年（入居年）によって控除の条件が異なるので、

これから控除を受ける人は、税理士、税務署などに相談することをお勧めします。

■中古住宅・増改築の場合

住宅種類	居住を始めた年	借入限度額	控除率	控除期間	最大控除額
認定住宅	令和6年〜令和7年	3,000万円	0.7%	10年	210万円
上記以外	令和6年〜令和7年	2,000万円			140万円

　また、住宅ローン控除を受けるにあたっては、確定申告のときに添付する書類が多くなるので注意してください。

【住宅借入金等特別控除（住宅ローン控除）の添付書類】
❶ 登記簿謄本
❷ マイホームの売買契約書（あるいは請負契約書）
❸ 住宅借入金等特別控除額の計算明細書
❹ 給与所得の源泉徴収票、マイナンバーなど
❺ 認定住宅等の認定通知書・市区町村の証明書など
※ローンの年末残高等証明書は、銀行等に「住宅ローン控除申請書」を
　提出することで添付不要

➡ 住宅耐震改修特別控除
　控除額の計算　耐震改修に要した費用×10％（最高で25万円まで）
　平成18年4月1日から令和5年12月31日の間に、一定の要件を満たす耐震改修工事を行っていた人が受けられる税額控除です。平成26年4月1日から令和5年12月31日の間に工事を行っていた場合には、耐震改修に要した費用×10％、最高で25万円まで控除されます。

🄲🄾🄻🅄🄼🄽

令和 6 年の定額減税

　令和6年6月から実施されている「定額減税」は、納税額（所得税と住民税）から一定額を控除するものです。所得税は3万円、住民税は1万円が控除されます。

　対象となるのは、令和6年分の所得税、住民税の納税者と、その同一生計配偶者、扶養親族です。対象となる条件は以下の通りです。

●所得税の場合

①個人事業主やフリーランサー（確定申告をする当人）

　令和6年分の合計所得金額が1,805万円以下の国内居住者。

②その配偶者

　個人事業主やフリーランサーと生計を一にし、令和6年分の合計所得金額が48万円以下（配偶者の収入が給与のみの場合は年収103万円以下）の国内居住者。

③その扶養親族

　個人事業主やフリーランサーと生計を一にし、令和6年分の合計所得金額が48万円以下（扶養親族の収入が給与のみの場合は年収103万円以下）で、「控除対象扶養親族」（▶STEP 5-9 を参照）に該当するか、または「16歳未満の扶養親族」に該当する国内居住者。

○例

　個人事業主としての所得が900万円で、妻（専業主婦）、長男（高校生）、長女（中学生）、次女（小学生）の家族構成の場合、15万円の控除（3万円×5人＝15万円）となります。

●住民税の場合

①令和6年度の住民税所得割（令和5年の所得に対して課される住民税所得割）を納税する個人事業主やフリーランサーで、令和5年の合計所得金額が1,805万円以下の国内居住者。

※住民税均等割のみ課税されている納税者は対象外になる

②その配偶者と扶養親族（条件は所得税と同様）

●申告方法

所得税は、確定申告をすることで定額減税を受けられます。

住民税は、普通徴収から減税されます。

●注意点①　予定納税をする個人事業主やフリーランサー

予定納税（ ▶28ページ を参照）をすることになっている人は、7月に納める第1期分の予定納税額から、本人分の定額減税分である3万円が控除されます。

●注意点②　青色事業専従者、白色申告の事業専従者、住民税均等割のみ課税されている納税者

定額減税の条件から外れるケースがありますが、外れた場合には、「不足額給付の対象」となります。ただし、給付金としてもらえるのは令和7年の7月以降になります。また、支給方法は市区町村によって異なりますので、市区町村に確認するようにしてください。

STEP **7**

青色申告決算書／
白色の収支内訳書の作成

青色申告決算書／収支内訳書を用意する

POINT ➡ 青色申告をする人は「青色申告決算書」を、白色申告をする人は「収支内訳書」を提出します。まずは自分に必要な書類を揃えることから準備を始めましょう。

✓ **チェック**
□税務署に「所得税の青色申告承認申請書」を提出済みか
□所得の種類によって使う用紙が決まる

1 青色申告決算書と収支内訳書の違い

「青色申告決算書」とは、青色申告を選んだ人が使用する用紙です。両面に記載する用紙が2枚、合計4ページあります。「収支内訳書」は白色申告用のもので、両面に記載する用紙が1枚、合計2ページです。国税庁のホームページからPDFファイルをダウンロードした場合は、表面だけになりますので、それぞれ4枚と2枚になります。

青色申告ができるかどうかは、事前に税務署に「所得税の青色申告承認申請書」（ ▶STEP 2-3 を参照）を提出しているかどうかにかかっていますので注意が必要です。

また、「青色申告決算書」と「収支内訳書」を、ひとつの事業について両方とも提出することはありません。青色か白色か、自分の申告方法に従って、どちらかを提出することになります。

2 青色申告決算書には4種類の用紙がある

青色申告決算書には4つの種類があり、主な所得の種類によって使い分けます。これらの用紙の種類については、「青色申告決算書」というタイトルの右横にカッコ書きで記してあります。

不動産所得用…不動産賃貸をしている人が使用
農業所得用……農業をしている人が使用

一般用…………不動産業、農業以外の人が使用

現金主義用……所得が少なく、届出を提出している人が使用

　通常は、4つの中から該当する用紙を選んで作成すればいいのですが、例えば一般的な業務に加えて、マンションを貸して家賃を得ているような場合には、「一般用」と「不動産所得用」の2種類を提出することになります。あるいは兼業農家で、農業以外は個人事業主として事業を営んでいるのであれば、「一般用」と「農業所得用」の2種類を提出します。

3 青色申告決算書／収支内訳書を用意しよう

　これらの用紙は、全国の税務署や市区町村の役場でもらうことができますし、国税庁のホームページから書式をダウンロードし、プリントアウトして使うこともできます。

➡ 国税庁ホームページからのダウンロード方法
　国税庁のホームページ（https://www.nta.go.jp/）にアクセスしてから、

❶ ［ホーム］
❷ ［税について調べる］の［所得税の確定申告］
❸ 画面下の［確定申告に関する様式等］の［確定申告書等の様式・手引き等］

と順番にクリックする。

青色申告決算書を作成する

POINT → 1年間の売上・収入と必要経費を集計した総決算が「青色申告決算書」です。必要がある人は「貸借対照表」も作成します。

☑ チェック
□帳簿をもとにして記入する
□2・3ページ目から書き、1ページ目、4ページ目へと進む

1 青色申告決算書の全体を理解しよう

青色申告決算書は4ページで構成されています。まずは、各ページの特徴を大まかに把握してください。

→ 1ページ目

「損益計算書」です。1年間の所得金額の集計のための一覧表です。所得金額とは、収入から経費や控除額などを差し引いた金額で、その流れがひと目でわかるようになっています。

→ 2ページ目

損益計算書に記入する金額のうち、「売上」「仕入」「給料賃金」「専従者給与」「地代家賃」「貸倒引当金」「青色申告特別控除」の項目についての詳しい内訳を書きます。

→ 3ページ目

2ページ目と同様に、「減価償却費」「利子割引料」「税理士、弁護士報酬」「特殊事情」の項目について、その内訳を書き込みます。

→ 4ページ目

「貸借対照表」です。期首（1月1日あるいは事業開始日）および期末（12

月31日あるいは事業廃業日）の財産の内訳を記します。製造原価計算を
している場合は、その内訳も記入します。

　大雑把にいうと、この表は預貯金や借金、利益などのバランスや変動が
ひと目でわかるようになっています。青色申告特別控除65万円か55万円
（▶STEP 2-2 を参照）を受ける場合には、記載する必要があります。

2　ページ順に作成すると二度手間になる!

　青色申告決算書は、すべての欄に記入する必要はありません。あてはま
る部分だけを書けばよいことになっています。

　1ページ目から書くと二度手間になります。2ページ目、3ページ目から
書きはじめ、その作成が終わったら、1ページ目の損益計算書に転記し、
最後に4ページ目の貸借対照表に進むとよいでしょう。

　なお、取り立てができないなど、将来の損失を見込んで経費として計上
できる「貸倒引当金」については明細書が別にあります。必要な人はそれ
を先に書いておきましょう。国税庁のホームページから用紙や概要をダウ
ンロードできます。

3　金額の大きな変動があったときは「特殊事情」へ記入する

　はじめて確定申告をする人以外は、前年の青色申告決算書と比べてみま
しょう。経費の金額が大きく増えていたり、いわゆる「もうけ」の割合で
ある粗利益率（売上から売上原価を引いた利益の金額÷売上高）が大きく
変動したりしていないかという点を確認します。

　もしも大きな変化が見つかったら、その理由を3ページ目の「本年中に
おける特殊事情」の欄へ書き込みましょう。

　例えば、「喫茶店業務に加えて、コーヒー豆や食器類の小売販売を始め
たので業務形態が変わった」などと、こちらから税務署に対して事情を説
明することで、よけいな税務調査を避けやすくなります。

STEP
7

「青色申告決算書」の記入例　1枚目・オモテ

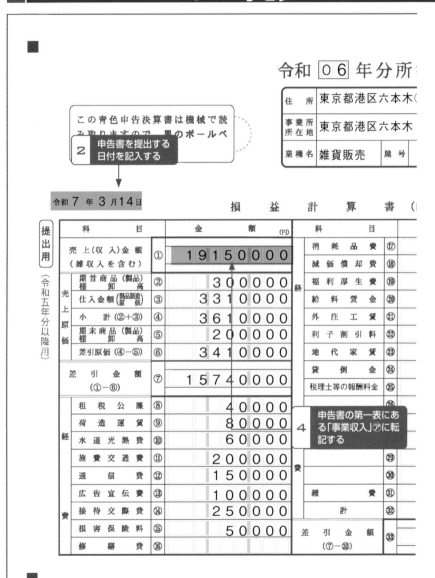

令和 06 年分所

住　　所	東京都港区六本木(
事業所所在地	東京都港区六本木
業種名	雑貨販売	屋　号	

この青色申告決算書は機械で読み取りますので、黒のボールペ

2 申告書を提出する日付を記入する

令和 7 年 3 月14日

損　益　計　算　書　(

提出用	科　　目		金　　額 (円)	科　　目		
	売 上 (収 入) 金 額（雑収入を含む）	①	19150000	消 耗 品 費	⑰	
	期首商品 (製品)棚 卸 高	②	300000	減 価 償 却 費	⑱	
(令和五年分以降用)	仕入金額(製品製造原 価)	③	3310000	福 利 厚 生 費	⑲	
	小 計 (②+③)	④	3610000	給 料 賃 金	⑳	
売上原価	期末商品 (製品)棚 卸 高	⑤	200000	外 注 工 賃	㉑	
	差引原価 (④−⑤)	⑥	3410000	利 子 割 引 料	㉒	
	差 引 金 額(①−⑥)	⑦	15740000	地 代 家 賃	㉓	
				貸 倒 金	㉔	
				税理士等の報酬料金	㉕	
経費	租 税 公 課	⑧	40000			
	荷 造 運 賃	⑨	80000			
	水 道 光 熱 費	⑩	60000			㉙
	旅 費 交 通 費	⑪	200000			㉚
	通 信 費	⑫	150000			
	広 告 宣 伝 費	⑬	100000	雑 費	㉛	
	接 待 交 際 費	⑭	250000	計	㉜	
	損 害 保 険 料	⑮	50000	差 引 金 額(⑦−㉜)	㉝	
	修 繕 費	⑯				

4 申告書の第一表にある「事業収入」㋐に転記する

− 1 −

1/4

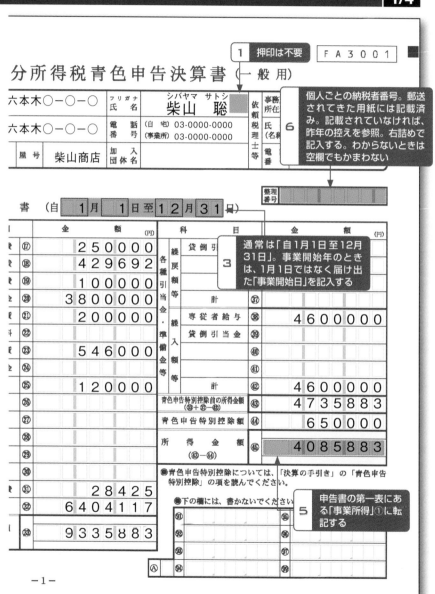

分所得税青色申告決算書（一 般 用）

| 1 | 押印は不要 | F A 3 0 0 1 |

六本木○−○−○　氏名　シバヤマ サトシ　柴山 聡

個人ごとの納税者番号。郵送されてきた用紙には記載済み。記載されていなければ、昨年の控えを参照。右詰めで記入する。わからないときは空欄でもかまわない

六本木○−○−○　電話番号　(自宅)03-0000-0000　(事業所)03-0000-0000

屋号　柴山商店

書（自 1月 1日至 12月 31日）

通常は「自1月1日至12月31日」。事業開始年のときは、1月1日ではなく届け出た「事業開始日」を記入する

	金額(円)	科目	金額(円)
⑰	250000	貸倒引	
⑱	429692	繰戻額等	
⑲	100000		
⑳	3800000	計 ㊲	
㉑	200000	専従者給与 ㊳	4600000
㉒		貸倒引当金 ㊴	
㉓	546000	㊵	
㉔		㊶	
㉕	120000	計 ㊷	4600000
㉖		青色申告特別控除前の所得金額(㊳+㊲−㊷) ㊸	4735883
㉗		青色申告特別控除額 ㊹	650000
㉘		所得金額(㊸−㊹) ㊺	4085883
㉙			
㉚			
㉛	28425		
㉜	6404117		
㉝	9335883		

●青色申告特別控除については、「決算の手引き」の「青色申告特別控除」の項を読んでください。

●下の欄には、書かないでください

申告書の第一表にある「事業所得」①に転記する

−1−

133

「青色申告決算書」の記入例　1枚目・ウラ

令和 06 年分

フリガナ　シバヤマ サトシ
氏　名　**柴山 聡**

○月別売上(収入)金額及び仕入金額

提出用（令和五年分以降用）

月	売 上 (収 入) 金 額	仕 入 金 額
1	19,150,000 円	3,310,000 円
2		
3		
4		
5		
6		
7		
8		
9		
10		
11		
12		
家事消費等		
雑収入		
計	1 9 1 5 0 0 0 0	3 3 1 0 0 0 0
うち軽減税率対象	うち　　　　　円	うち　　　　　円

1 合計を1ページ目①に転記する

○貸倒引当金繰入額の計算 (この計算に当たっては、「決算の手引き」の「貸倒引当金」の項を読んでください。)

			金　額
個別評価による本年分繰入額 (「個別評価による貸倒引当金に関する明細書」の⑱欄の金額を書いてください)		①	円
一括評価による本年分繰入額	年末における一括評価による貸倒引金の繰入れの対象となる貸金の合計額	②	
	本 年 分 繰 入 限 度 額 (②×5.5%　(金融業は3.3%))	③	
	本 年 分 繰 入 額	④	
本 年 分 の 貸 倒 引 当 金 繰 入 額 (① ＋ ④)		⑤	

(注)　貸倒引当金、専従者給与や3ページの割増(特別)償却以外の特典を利用する人は、適宜の用紙にその明細を記

○給料賃金の内訳

氏　　　　　　　名
西部優子
その他(　　人分)
計　　延べ従　事月数

○専従者給与の内訳

氏　　　　名
柴山弘子
計

○地代家賃の内訳

支 払 先 の
港区赤坂○-○-○

○青色申告特別控除

本 年 分 の 不 動 産 所
青色申告特別控除前
65万円又は55万円の青色申告特別控除を受ける場合　青　色
上 記 以 外 10万円又の 場 合　青　色

-2-

134

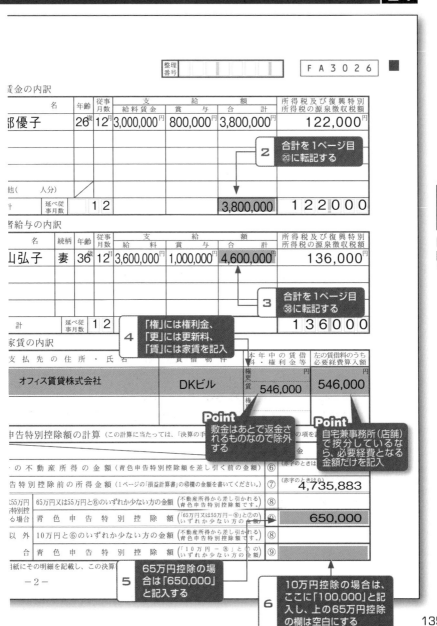

STEP
7

整理番号　　　　　　　　　　　F A 3 0 2 6 ■

賃金の内訳

名	年齢	従事月数	支 給 額 給料賃金	賞 与	合 計	所得税及び復興特別所得税の源泉徴収税額
郎優子	26歳	12月	3,000,000円	800,000円	3,800,000円	122,000円
他（　人分）						
計	延べ従事月数 1 2				3,800,000	1 2 2 0 0 0

> **2** 合計を1ページ目 ⑳に転記する

給与の内訳

名	続柄	年齢	従事月数	支 給 額 給料	賞 与	合 計	所得税及び復興特別所得税の源泉徴収税額
山弘子	妻	36歳	12月	3,600,000円	1,000,000円	4,600,000円	136,000円
計	延べ従事月数 1 2						1 3 6 0 0 0

> **3** 合計を1ページ目 ㊳に転記する

> **4** 「権」には権利金、「更」には更新料、「賃」には家賃を記入

家賃の内訳

支払先の住所・氏名	賃借物件	権・更・賃	本年中の賃借料・権利金等	左の賃借料のうち必要経費算入額
オフィス賃貸株式会社	DKビル	更・賃	546,000円	546,000円
		権		

> **Point** 敷金はあとで返金されるものなので除外する

> **Point** 自宅兼事務所（店舗）で按分しているなら、必要経費となる金額だけを記入

申告特別控除額の計算（この計算に当たっては、「決算の手引き」の⋯の項を⋯）

の不動産所得の金額（青色申告特別控除額を差し引く前の金額）	⑥	（赤字のときは⋯）	
告特別控除前の所得金額（1ページの「損益計算書」の㊸の金額を書いてください。）	⑦	（赤字のときは0）	4,735,883
55万円特別控… る場合	65万円又は55万円と⑥のいずれか少ない方の金額（不動産所得から差し引かれる青色申告特別控除額です。）	⑧	
	青 色 申 告 特 別 控 除 額（「65万円又は55万円−⑧」と⑦のいずれか少ない方の金額）	⑨	650,000
以 外	10万円と⑥のいずれか少ない方の金額（不動産所得から差し引かれる青色申告特別控除額です。）	⑧	
合	青 色 申 告 特 別 控 除 額（「10万円−⑧」と⑦のいずれか少ない方の金額）	⑨	

紙にその明細を記載し、この決算…

> **5** 65万円控除の場合は「650,000」と記入する

> **6** 10万円控除の場合は、ここに「100,000」と記入し、上の65万円控除の欄は空白にする

－2－

「青色申告決算書」の記入例 **2枚目・オモテ**

○売上（収入）金額の明細 ※ 登録番号を記載する場合には、先頭に「T」を付けた上で13桁の数字を

<small>（令和五年分以降用）</small>

売 上 先 名	所 在 地	登録番号（法人番号
上 記 以 外 の 売 上 先 の 計 （ 雑 収 入 を 含 む ）		

計

○仕入金額の明細

仕 入 先 名	所 在 地	登録番号（法人番号

> **2** 年内に取得したものの場合なら、購入月を含む使用月数を記入する。記入方法は81ページを参照

> **1** 定額法の場合は取得価額と同じ

仕 入 先 の 計

計

○減価償却費の計算

減価償却資産の名称等（繰延資産を含む）	面積又は数量	取得年月	㋑取得価額（償却保証額）	㋺償却の基礎になる金額	償却方法	耐用年数	㋩償却率又は改定償却率	㋥本年中の償却期間	㋭本
カラー複合機	1	年月 3・1	(450,000)	450,000	定額	5年	0.200	12月	
車	1	4・4	(2,250,000)	2,250,000	定額	6	0.167	12/12	
一括償却資産	2	6・5	(230,000)	230,000	一括	―	1/3	12	
少額減価償却資産		6・4	(250,000)	明細書を保管	―	―	―	12	
		・	( )					12	
		・	( )					12	
		・	( )					12	

> **3** 一括償却資産はこのように記載する。同じものを複数台購入した場合は、その数量と合計金額を記載する

> **4** 身内や知人から借入があるときに記入する

○利子割引料の内訳（金融機関を除く）

支 払 先 の 住 所 ・ 氏 名	期末現在の借入金等の金額	本年中の利子割引料	左のうち必要経費算入額
	円	円	円

> **5** 合計を1ページ目㉒に記入する

— 3 —

136

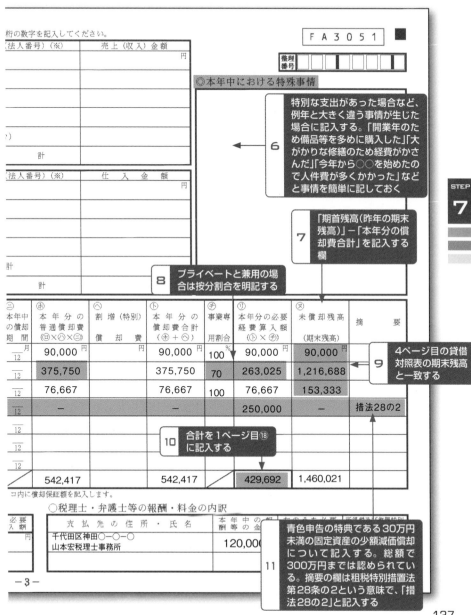

桁の数字を記入してください。

FA3051

（法人番号）（※）	売上（収入）金額
	円

整理番号 □□□□□□□□

◎本年中における特殊事情

> 6　特別な支出があった場合など、例年と大きく違う事情が生じた場合に記入する。「開業年のため備品等を多めに購入した」「大がかりな修繕のため経費がかさんだ」「今年から○○を始めたので人件費が多くかかった」などと事情を簡単に記しておく

（法人番号）（※）	仕 入 金 額
	円

> 7　「期首残高（昨年の期末残高）」－「本年分の償却費合計」を記入する欄

計

計

> 8　プライベートと兼用の場合は按分割合を明記する

（ニ）本年中の償却期間	（ホ）本年分の普通償却費（ロ×ハ×ニ）	（ヘ）割増（特別）償却費	（ト）本年分の償却費合計（ホ＋ヘ）	（チ）事業専用割合	（リ）本年分の必要経費算入額（ト×チ）	（ヌ）未償却残高（期末残高）	摘　要
月／12	90,000 円	円	90,000 円	100 %	90,000 円	90,000 円	
／12	375,750		375,750	70	263,025	1,216,688	
／12	76,667		76,667	100	76,667	153,333	
／12	－		－		250,000	－	措法28の2
／12							
／12							
／12							
	542,417		542,417		429,692	1,460,021	

> 9　4ページ目の貸借対照表の期末残高と一致する

> 10　合計を1ページ目⑱に記入する

コ内に償却保証額を記入します。

○税理士・弁護士等の報酬・料金の内訳

必要入額	支 払 先 の 住 所 ・ 氏 名	本年中の報酬等の金額	左のうち必要経費算入額	所得税及び復興特別
円	千代田区神田○−○−○　山本宏税理士事務所	120,000		

> 11　青色申告の特典である30万円未満の固定資産の少額減価償却について記入する。総額で300万円までは認められている。摘要の欄は租税特別措置法第28条の2という意味で、「措法28の2」と記入する

STEP
7

■ 「青色申告決算書」の記入例　**2枚目・ウラ**

貸 借 対 照 表　（資産負債調）

（令和五年分以降用）

●65万円又は55万円の青色申告特別控除を受ける人は必ず記入してください。それ以外の人でも分かる箇所はできるだけ記入してください。

資　産　の　部			負　債・資		
科　　目	1月1日 (期首)	12月31日 (期末)	科　　目	月	日
現　　　　金	91,812 円	85,000 円	支　払　手　形		
当　座　預　金			買　　掛　　金		
定　期　預　金			借　　入　　金		
その他の預金		1,300,000	未　　払　　金		
受　取　手　形			前　　受　　金		
売　　掛　　金	560,000	800,000	預　　り　　金		
有　価　証　券					
棚　卸　資　産	300,000				
前　　払　　金					
貸　　付　　金					
建　　　　物					
建物附属設備					
機　械　装　置					
車　両　運　搬　具	1,592,438	1,216,688	貸　倒　引　当　金		
工　具　器具　備品	180,000	90,000			
土　　　　地					
一括償却資産		153,333			
			事　業　主　借		
			元　　入　　金		
事　業　主　貸		3,315,112	青色申告特別控除前の所得金額		
合　　　　計	2,724,250	7,160,133	合　　　計		

1　期首は1月1日（または事業開始日）、期末は12月31日（または廃業日）。期首欄にある諸科目の金額は昨年の期末欄から転記する

2　3ページ目の減価償却費の未償却残高⊗と一致する

3　「資産の部（左側）」と「負債・資本の部（右側）」の合計は必ず一致させる

■ (注)「元入金」は、「期首の資産の総額」から「期首の負債の総額」を差し引いて計算します。

整理番号 ☐☐☐|☐☐☐|☐☐☐　　FA3076

（負債調）

（令和 6 年12月31日現在）

製 造 原 価 の 計 算

（原価計算を行っていない人は、記入する必要はありません。）

負 債 ・ 資 本 の 部		
目	1 月 1 日（期首）	12月31日（期末）
形	円	円
金	400,000	300,000
金		
金	300,000	100,000
金		
金	24,250	24,250
金		
借		
金	2,000,000	2,000,000
除額		4,735,883
計	2,724,250	7,160,133

	科　　　目		金　　額
原材料費	期首原材料棚卸高	①	円
	原 材 料 仕 入 高	②	
	小　　計（①＋②）	③	
	期末原材料棚卸高	④	
	差引原材料費（③－④）	⑤	
	労　　務　　費	⑥	
その他の製造経費	外 注 工 賃	⑦	
	電　 力　 費	⑧	
	水 道 光 熱 費	⑨	
	修　　繕　　費	⑩	
	減 価 償 却 費	⑪	
		⑫	
		⑬	
		⑭	
		⑮	
		⑯	
		⑰	
		⑱	
		⑲	
		⑳	
		㉑	
	総製造費（⑤＋⑥＋㉑）	㉒	
	期首半製品・仕掛品棚卸高	㉓	
	小　　計（㉒＋㉓）	㉔	
	期末半製品・仕掛品棚卸高	㉕	
	製品製造原価（㉔－㉕）	㉖	

4 1ページ目㊸から転記する

（注）　㉖欄の金額は、1ページの「損益計算書」の③欄に転記してください。

5 一致しない場合は、差額を「事業主貸」あるいは「事業主借」で処理して一致させる。237ページを参照

－4－

139

白色申告の収支内訳書を作成する

POINT ➡ 白色申告の人は、「収支内訳書」を作成します。これが1年間の売上・収入と必要経費の集計一覧となります。

☑チェック
- □ 2ページ目→1ページ目の順序で作成する
- □ 必要経費の記載にもれがないか確認する

1 収支内訳書の全体を理解しよう

収支内訳書は2ページで構成されています。まずは、各ページの特徴を大まかに把握してください。

➡ 1ページ目

1年間の売上と経費等を集計し、所得金額を算出します。2ページ目に、その詳細を記入する欄があるので、先に2ページ目を作成し、該当する項目の合計を1ページ目に記載するほうがスムーズに作成できます。「給料賃金」「税理士、弁護士報酬」「事業専従者の氏名等」の項目に該当するものがあれば、詳細を記入します。

➡ 2ページ目

「売上・仕入」「減価償却費」「利子割引料」「地代家賃」の項目について、その内訳を記します。「特殊事情」の欄もあります。

2 白色申告で活用すると便利な制度

➡「事業専従者控除」は実際に支払っていなくても控除できる

「青色事業専従者給与」（ ➡STEP 2-6 を参照）と異なり、実際の支払金額にかかわらず、一律に控除額が定められています。その金額は、配偶者の場合が86万円、それ以外の親族の場合が50万円です。

　ただし、所得金額が少ないときや事業専従者の人数が多いときは注意が必要です。この「事業専従者控除」は、「事業所得の金額÷（事業専従者の人数＋1）」で計算される金額が上限です。例えば、事業所得が70万円で配偶者1人が事業専従者である場合には、事業専従者控除の金額は35万円となり、86万円にはなりません。逆に「事業所得の金額÷（事業専従者の人数＋1）」の計算で86万円を超える場合は、86万円が上限になります。

　また、配偶者や親族を事業専従者とした場合、配偶者控除（▶STEP 5-8 を参照）・扶養控除（▶STEP 5-9 を参照）が受けられなくなります。事業専従者控除と配偶者控除・扶養控除のどちらを受けるほうが得かをよく考えましょう。

➡ 「一括償却」で3分の1ずつ経費にする

　パソコンや自動車などの固定資産は、原則として取得金額が10万円以上である場合、全額を購入年の経費にすることができません。青色申告者に限っては、固定資産であっても30万円未満であれば、全額を経費にできる特例が設けられていますが、白色申告にはありません。

　そこで、取得金額が20万円未満の固定資産について認められている「一括償却」を利用します（ ▶STEP 4-4 を参照）。これは、10万円以上 20万円未満の固定資産について、使用開始年から3年間で3分の1の金額ずつを連続して経費にしていく方法です。通常の減価償却とは違って、資産の種類や耐用年数に関係なく、残存価額も必要ありません。月ごとに細かく経費にしていかなくてよいので、記入も簡単です。

　ただし、これにも注意点があります。例えば、取得金額15万円のパソコンが壊れたために処分するような場合、通常の減価償却では、その時点までで5万円分償却していたとすると、残りの10万円を処分年に「除却損」といって一度に経費にすることができます。

　しかし、一括償却では、そうした場合でも、あくまで「3年間で3分の1の金額ずつ」という原則は変わりません。上の例でも5万円ずつ3年で経費とします。活用に不安があれば税務署に相談してみましょう。

「収支内訳書」の記入例 **オモテ**

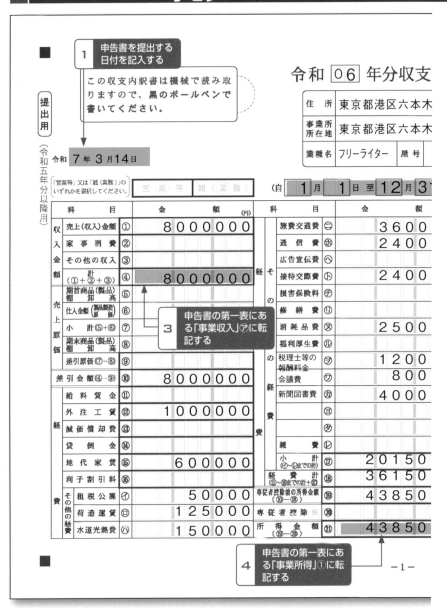

1 申告書を提出する
日付を記入する

この収支内訳書は機械で読み取りますので、黒のボールペンで書いてください。

提出用

（令和五年分以降用）

令和 **7** 年 **3** 月 **14** 日

令和 **06** 年分収支

住　所	東京都港区六本木
事業所所在地	東京都港区六本木
業種名	フリーライター	屋号

「営業等」又は「雑（業務）」のいずれかを選択してください。

営（業）等　　雑（業務）

（自 **1** 月 **1** 日 至 **12** 月 **31**

	科　目		金　額 (円)		科　目		金　額
収入金額	売上(収入)金額	①	8000000	経	旅費交通費	㋬	3600
	家事消費	②			通信費	㋭	2400
	その他の収入	③			広告宣伝費	㋮	
	計(①+②+③)	④	8000000	そ	接待交際費	㋯	2400
売上原価	期首商品(製品)棚卸高	⑤		の	損害保険料	㋰	
	仕入金額(製品製造原価)	⑥			修繕費	㋱	
	小計⑤+⑥	⑦			消耗品費	㋲	2500
	期末商品(製品)棚卸高	⑧			福利厚生費	㋳	
	差引原価⑦-⑧	⑨		の	税理士等の報酬料金	㋴	1200
	差引金額④-⑨	⑩	8000000	経	会議費	㋵	800
経費	給料賃金	⑪			新聞図書費	㋶	4000
	外注工賃	⑫	1000000			㋷	
	減価償却費	⑬		費		㋸	
	貸倒金	⑭			雑費	㋹	
	地代家賃	⑮	600000		小計(㋬～㋹までの計)	⑰	20150
	利子割引料	⑯			経費計(⑪～⑯までの計+⑰)	⑱	36150
その他の経費	租税公課	㋑	50000		専従者控除前の所得金額(⑩-⑱)	⑲	43850
	荷造運賃	㋺	125000		専従者控除 ※	⑳	
	水道光熱費	㋩	150000		所得金額(⑲-⑳)	㉑	43850

3 申告書の第一表にある「事業収入」㋐に転記する

4 申告書の第一表にある「事業所得」①に転記する

－1－

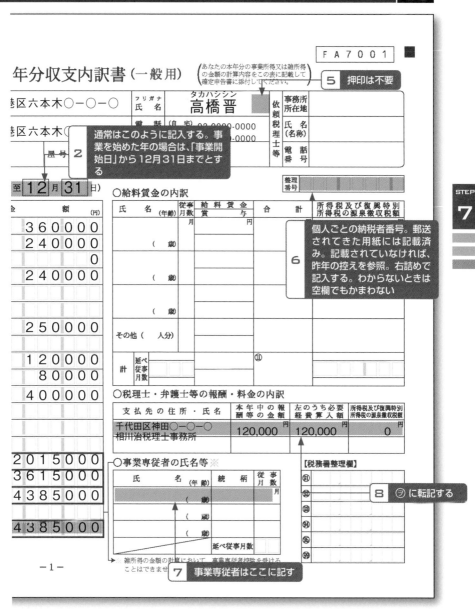

○給料賃金の内訳

氏　名 (年齢)	従事月数	給料賃金 賞与	合　計	所得税及び復興特別所得税の源泉徴収税額
		円	円	
（　歳）				
（　歳）				
（　歳）				
その他（　人分）				
計 延べ従事月数		⑪		

○税理士・弁護士等の報酬・料金の内訳

支払先の住所・氏名	本年中の報酬等の金額	左のうち必要経費算入額	所得税及び復興特別所得税の源泉徴収税額
千代田区神田○−○−○ 相川治税理士事務所	120,000 円	120,000 円	0 円

○事業専従者の氏名等 ※

氏　名 (年齢)	続　柄	従事月数
（　歳）		
（　歳）		
（　歳）		
延べ従事月数		

【税務署整理欄】

⑨
⑨
⑨
⑨
⑨
⑨

→ 雑所得の金額の計算において、事業専従者控除を受ける
ことはできません

7 事業専従者はここに記す

年分収支内訳書（一般用）

あなたの本年分の事業所得又は雑所得
の金額の計算内容をこの表に記載して
確定申告書に添付してください。

5 押印は不要

F A 7 0 0 1

区六本木○−○−○　氏　名 フリガナ タカハシシン 高橋晋　依頼税理士等 事務所所在地／氏名（名称）／電話番号

区六本木○

電　話（自宅）03-0000-0000

通常はこのように入する。事業を始めた年の場合は、「事業開始日」から12月31日までとする

整理番号

個人ごとの納税者番号。郵送されてきた用紙には記載済み。記載されていなければ、昨年の控えを参照。右詰めで記入する。わからないときは空欄でもかまわない 6

至 **12** 月 **31** 日）

額 (円)
3 6 0 0 0 0
2 4 0 0 0 0
0
2 4 0 0 0 0
2 5 0 0 0 0
1 2 0 0 0 0
8 0 0 0 0
4 0 0 0 0
2 0 1 5 0 0 0
3 6 1 5 0 0 0
4 3 8 5 0 0 0
4 3 8 5 0 0 0

2

8 ㋬ に転記する

− 1 −

STEP

7

143

「収支内訳書」の記入例 **ウラ**

（令和五年分以降用）

○売上（収入）金額の明細　※ 登録番号を記載する場合には、先頭に「T」を付けた上で13桁の数字

売　上　先　名	所　在　地	登録番号（法人番
株式会社技術評論社	東京都新宿区左内町○-○	T■■■■■■
河合税理士事務所	東京都千代田区小川町○-○	T□□□□□□
有限会社ブライトン	東京都港区赤坂○-○	T△△△△△△

1 主な支払元を記入する

上　　記	以　外　の　売　上　先　の　計

○仕入金額の明細　右記①のうち軽減税率対象　うち　　円

仕　入　先　名	所　在　地	登録番号（法人番

上　記　以　外　の　仕　入　先　の　計

右記⑥のうち軽減税率対象　うち　　円

○減価償却費の計算

減価償却資産の名称等（繰延資産を含む）	面積又は数量	取得年月	㋑取得価額（償却保証額）	㋺償却の基礎になる金額	償却方法	耐用年数	㋩償却率又は改定償却率	㊁本年中の償却期間
		年 月・	（　　円	円		年		月／12
		・	（　　）					／12
2 136、137ペ ージの記入例を参照			（　　）					／12
			（　　）					／12
		・	（　　）					／12
		・	（　　）					／12
計								

(注)　平成19年4月1日以後に取得した減価償却資産について定率法を採用する場合にのみ㋑欄のカッコ内に償却

○利子割引料の内訳（金融機関を除く）

支　払　先　の　住　所　・　氏　名	期末現在の借入金等の金額	本　年　中　の利　子　割　引　料	左のうち必要経費算入額
	円	円	円

2/2

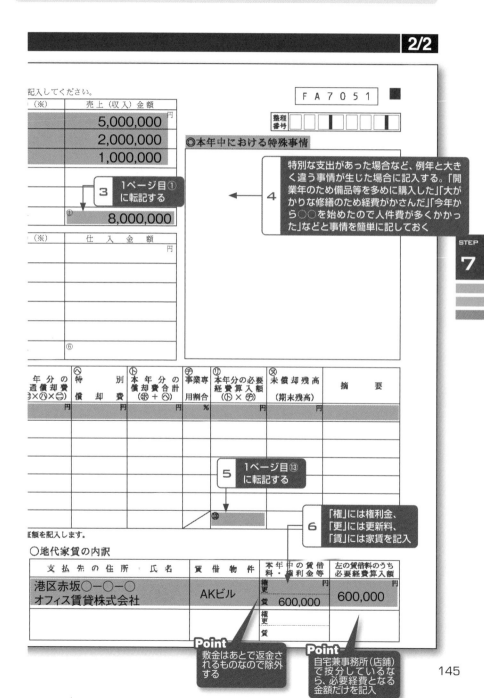

記入してください。

（※）	売上（収入）金額
	5,000,000 円
	2,000,000
	1,000,000

3 1ページ目①に転記する

① 8,000,000

（※）	仕　入　金　額
	円
⑥	

F A 7 0 5 1

整理番号

◎本年中における特殊事情

4 特別な支出があった場合など、例年と大きく違う事情が生じた場合に記入する。「開業年のため備品等を多めに購入した」「大がかりな修繕のため経費がかさんだ」「今年から○○を始めたので人件費が多くかかった」などと事情を簡単に記しておく

STEP **7**

⑦ 本 年 分 の 普通償却費 (⑨×⑦×⑩)	⑥ 特　　別 償　却　費	⑦ 本 年 分 の 償却費合計 (⑨＋⑥)	⑦ 事業専 用割合	① 本年分の必要 経費算入額 (⑥×⑦)	⑦ 未償却残高 (期末残高)	摘　　要
円	円	円	％	円	円	

5 1ページ目⑬に転記する

⑬

6 「権」には権利金、「更」には更新料、「賃」には家賃を記入

正額を記入します。

○地代家賃の内訳

支 払 先 の 住 所 ・ 氏 名	賃 借 物 件	本年中の賃借料・権利金等	左の賃借料のうち必要経費算入額
港区赤坂○ー○ー○ オフィス賃貸株式会社	AKビル	権 更 賃 600,000 円	600,000 円
		権 更 賃	

Point
敷金はあとで返金されるものなので除外する

Point
自宅兼事務所（店舗）で按分しているなら、必要経費となる金額だけを記入

145

青色申告と白色申告で異なる固定資産の扱い

　青色申告と白色申告では、固定資産の取得価額によって、扱いが異なります。取得価額とは、固定資産を購入したときに支払った購入代金と、そのときに発生した輸送費・据え付け費のほか、売買手数料や消費税（税込経理の場合）などの費用を含んだものです。

　以下の表は、青色申告と白色申告で選択できる固定資産の扱いを取得価額ごとにまとめたものです。

取得価額	青色申告	白色申告
10万円未満	以下のいずれかを選べる ①全額を必要経費として、購入年に申告する ②減価償却	以下のいずれかを選べる ①全額を必要経費として、購入年に申告する ②減価償却
10万円以上 20万円未満	以下のいずれかを選べる ①3分の1に分けて、3年間で経費にする（取得価額20万円未満の場合） ②減価償却 ③全額を必要経費として、購入年に申告する（年間300万円が限度）	以下のいずれかを選べる ①3分の1に分けて、3年間で経費にする ②減価償却
20万円以上 30万円未満		減価償却
30万円以上	減価償却	

STEP 8
確定申告書を作成しよう

支払調書をまとめる

POINT 支払調書はフリーランサーにとっての源泉徴収票です。税務署に納めた源泉徴収税を証明するために必ず提出します。

✓チェック
□源泉徴収されている支払調書が、すべて手元に揃っているか
□「所得の内訳書」を作成する必要があるか

1 支払調書はフリーランサーの源泉徴収票

「支払調書」とは、1人あたり1年間に5万円以上の報酬を支払った支払元（源泉徴収義務者のこと。給与や報酬、料金を支払う際に、所得税や復興特別所得税を差し引いて、国に納税する義務を負う人のこと）が発行するものです。

収入や売上の金額から源泉徴収税が差し引かれているときは、その証明として確定申告の際に必ず支払調書を提出しなければなりません（▶STEP 1-4 を参照）。

支払調書には、「報酬等の支払調書」「不動産の使用料等の支払調書」「株式譲渡の対価の支払調書」など、いろいろな種類があります。

フリーランサーの収入のうち、支払いの内容が「原稿料」「デザイン料」「モデル料」などとなっているものについては、「報酬等の支払調書」が発行されます。原則として、これらの支払調書には1年間の支払額と源泉徴収税額それぞれの合計額が記載されています。

➡ 支払調書が届かない場合は

この支払調書は、1月中に支払元が作成することになります。1年間で5万円以上を支払った場合、支払元は支払調書を税務署に1月31日までに提出しなければならないからです。

支払調書は、通常であれば2月の第1週くらいには手元に届くはずです。

しかし、5万円未満の支払いについては税務署に支払調書を提出する義務がないので、支払元が支払調書を作成しない場合も考えられます。

　税務署に提出が義務づけられている書類のことを「法定調書」といいます。会社員が年末になると会社から受け取る給与所得の源泉徴収票は、法定調書のひとつです。支払調書も法定調書なので、支払元は税務署への提出義務があります。

　一方で、支払先への発行義務はありませんので、2月10日を過ぎても支払調書が届かない場合には、こちらから支払元に確認してみましょう。

　どうしても支払調書がもらえないというときは、支払元からの入金額のみを収入ないしは売上とします。支払調書がもらえないからといって、入金された分を所得に入れないと「所得隠し」となってしまいます。

STEP
8

「支払調書」の例

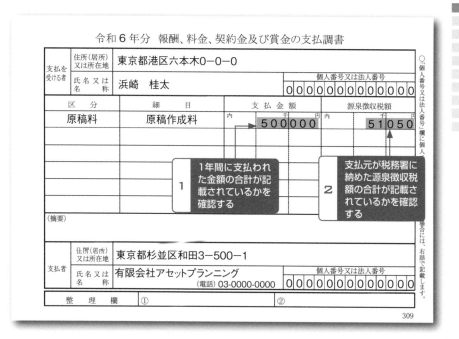

2 「所得の内訳書」を作成する

　支払元の数が多くて、さらにそれぞれ所得税が源泉徴収されている場合、「所得の内訳書」の作成を税務署から求められます。税務署は、これによって源泉徴収税額を把握するので、個別の作成を求められるわけです。

　「所得の内訳書」には、原稿料などの支払内容、支払元名と住所、1年間の支払総額、源泉徴収税額を記載します。用紙は国税庁のホームページから書き方とあわせてダウンロードできますが、手書きよりもExcelなどの表計算ソフトで作成したほうが、翌年以降も使えて便利です。国税庁のホームページからダウンロードした用紙でなくても確定申告は可能です。

　表計算ソフトで自作した場合も、「原稿料」や「給与」などの支払いの内容、支払元名と住所、1年間の支払総額、源泉徴収税額などを記載しておくとよいでしょう。

　支払元の数が少ないときは「所得の内訳書」の作成は不要です。そのときは申告書の第二表にある「所得の内訳」欄に記入します。

申告書　第二表「所得の内訳」

○ 所得の内訳 （所得税及び復興特別所得税の源泉徴収税額）

所得の種類	種　目	給与などの支払者の「名称」及び「法人番号又は所在地」等	収 入 金 額	源泉徴収税額
			円	円
		㊽ 源泉徴収税額の合計額		

Point
第二表のこの欄に書ききれない場合は、「所得の内訳書」を作成して提出する

「所得の内訳書」の記入例

所 得 の 内 訳 書

（書き方については、控用の内訳書の裏面を読んでください。）

住 所 東京都

氏 名 浜崎

> **4** 源泉徴収税額を差し引かれる前の、1年間に支払われた金額の合計を記入する

（令和6 年分）

提出用

所 得 の 種 類	種 目	所得の生ずる場所又は給与などの支払者の氏名・名称、住所・所在地・法人番号、電話番号	所得の基因となる資産の数量	収 入 金 額	源泉徴収税額	支払確定年月又は支払を受けた年月
給与		株式会社山本商事 (電話) 03-0000-0000		3,000,000	80,360	年 月
営業等		株式会社ナノ技術社 (電話) 03-0000-0000		1,500,000	153,150	
配当		株式会社オリパ (電話) 045-0000-0000		250,000		
雑(その他)	講演料	株式会社ナレッジプラス (電話) 048-0000-0000		50,000		
合計		(電話)		4,800,000	276,902	
		(電話)				
		(電話)				
		(電話)				
		(電話)				
		(電話)				
		(電話)				

> **5** 支払元が税務署に納めた源泉徴収税額の合計を記入する

> **1** 所得の種類を記入する

> **2** 支払元の社名、住所、電話番号などを記入する

> **3** 1年間に何度か支払いを受けた支払元はまとめて記入すればよいので、空欄のままでよい。1回だけの支払いの場合には「1」と記入する

国民年金保険料や生命保険など申告書に添付しなければならない書類はこの裏面又は添付書類台紙に貼ってください。

STEP

8

151

確定申告書を作成する

POINT ▶ 確定申告書は、原則として第一表と第二表を使用します。第三表と第四表は該当する人のみ用います。確定申告書は、青色申告決算書（収支内訳書）が完成してから作成します。

✓ チェック
- □ 自分が使う用紙を間違いなく準備できたか
- □ 「青色申告決算書（収支内訳書)」→「申告書」の順で作成する

1 自分が提出する確定申告書を確認しよう

➡ 第一表、第二表（全員に必須）

確定申告をする全員が記入し提出します。

第一表は各所得金額、所得控除、税額計算の金額を記入するもので、第二表は、第一表に記入する金額の内訳明細となっています。まずは第二表を作成してから、金額を第一表に転記していくようにするとスムーズに作成できます。

➡ 第三表（分離課税用）と第四表（損失申告用）

第三表は、「山林所得」や「分離課税の譲渡所得（不動産や株などの譲渡益）」があるときに使用します。

第四表は、青色申告をする人が、過去3年以内の赤字を今年の所得金額と相殺するときに用います。ただし、過去から繰り越された赤字がなく、今期の「事業所得」の赤字が、今期の「不動産所得」「利子所得」「配当所得」「給与所得」「雑所得」と相殺してプラスになったら（トータルの所得金額がプラスになったら）使用しません。

➡ 第五表（修正申告用）は廃止

以前は、確定申告書の提出後に間違いを修正する修正申告では第五表を使用していましたが、第五表は廃止されたため、修正申告には第一表と第

二表を使用します（ ▶STEP 1-7 を参照）

申告書　第一表の氏名欄への記入例

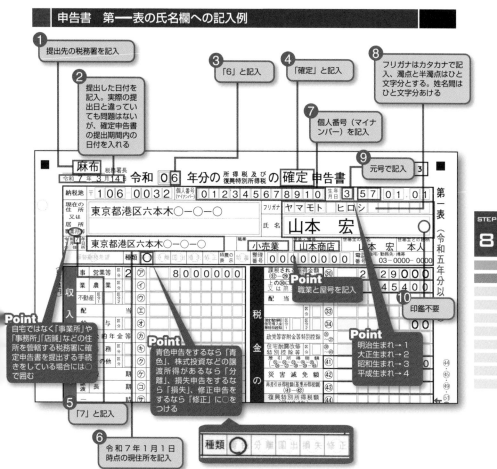

① 提出先の税務署を記入

② 提出した日付を記入。実際の提出日と違っていても問題はないが、確定申告書の提出期間内の日付を入れる

③ 「6」と記入

④ 「確定」と記入

⑧ フリガナはカタカナで記入、濁点と半濁点はひと文字分とする。姓名間はひと文字分あける

⑦ 個人番号（マイナンバー）を記入

⑨ 元号で記入

Point 自宅ではなく「事業所」や「事務所」「店舗」などの住所を管轄する税務署に確定申告書を提出する手続きをしている場合には○で囲む

Point 職業と屋号を記入

Point 青色申告をするなら「青色」、株式投資などの譲渡所得があるなら「分離」、損失申告をするなら「損失」、修正申告をするなら「修正」に○をつける

Point 明治生まれ→1 大正生まれ→2 昭和生まれ→3 平成生まれ→4

⑩ 印鑑不要

⑤ 「7」と記入

⑥ 令和7年1月1日時点の現住所を記入

執筆時点では令和6年分の確定申告書が公開されていないため、ここでは令和5年分の確定申告書を使って説明しています。令和6年分の確定申告書に定額減税に関する欄が設けられている場合には、定額減税に関する記入を忘れないようにしてください。

153

申告書　第一表の記入例（左側）

■ 第一表 （令和五年分以降用）

FA2203

麻布 税務署長

令和 7 年 3 月 14 日

令和 06 年分の 所得税及び の 確定申告書
復興特別所得税

納税地 〒 1 0 6 - 0 0 3 2
個人番号[マイナンバー] 0 1 2 3 4 5 6 7 8 9 1 0　生年月日 3 5 7 . 0 1 . 0 1

現在の住所又は居所 東京都港区六本木〇-〇-〇

令和7年1月1日の住所 東京都港区六本木〇-〇-〇

フリガナ　ヤマモト　ヒロシ
氏名　山本　宏

職業　小売業
屋号・雅号 山本商店
世帯主の氏名 山本宏　世帯主との続柄 本人
電話番号 自宅・勤務先・携帯 03 -0000 -0000

「収入」に関する情報を記入する部分。個人事業主やフリーランサーとしての事業で得たお金は、「事業」の「営業等」に記入。必要経費を差し引く前の金額で、源泉徴収される前の「額面金額」を記入する。「区分」には、会計ソフトを使用しているなら「2」と記入する。46ページを参照

収入金額等（単位は円）

種類			
事業 営業等 区分 2	㋐		8 0 0 0 0 0 0
農業 区分	㋑		
不動産 区分1 区分2	㋒		
配当	㋓		
給与 区分	㋔		
公的年金等	㋕		
業務 区分	㋖		
その他 区分	㋗		
短期	㋘		
長期	㋙		
時	㋚		

所得金額

事業 営業等	①	5 0 0 0 0 0 0
農業	②	
不動産	③	
利子	④	

税金の計算

課税される所得金額（⑫-㉙）又は第三表	㉚	2 4 2 9 0 0 0
上の㉚に対する税額又は第三表の㉙	㉛	1 4 5 4 0 0
配当控除	㉜	
区分	㉝	
災		5 4 0 0 0
再差引税額		5 4 0 0 0
復興特別所得税額		3 0 5 3
所得税及び復興特別所得税の額	㊽	8 4 5 3
外国税額控除 区分	㊾	
源泉徴収税額		○○

154

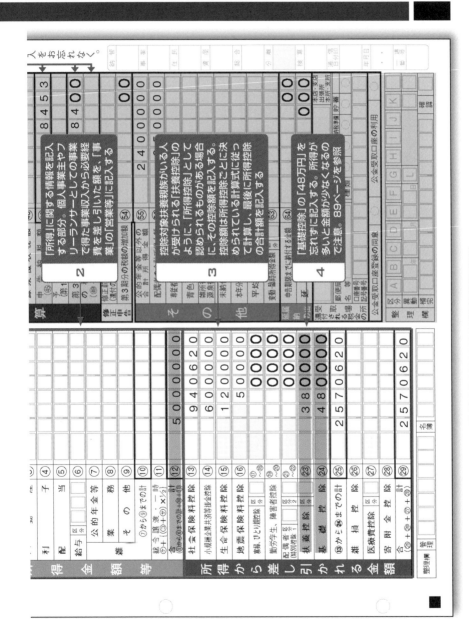

申告書 第一表 の記入例（右側）

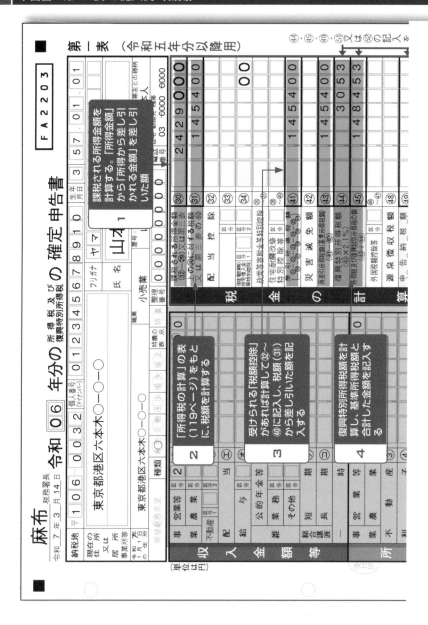

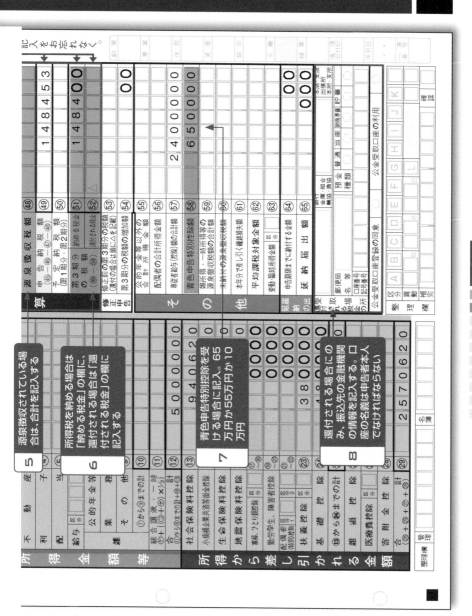

申告書　第二表　の記入例

第二表　（令和〇五年分以降用）　○第二表は、第一表と一緒に提出してください。

整理番号 ○○○○○○○○

F A 2 3 0 3

令和 ○6 年分の所得税及び復興特別所得税の確定申告書

住所
屋号
フリガナ
氏名

東
山口
山

保険料等の種類	支払保険料等の計	うち年末調整等以外
国民健康保険	500,000	
介護保険	100,620	
国民年金	340,000	
中小企業基盤整備機構の共済等掛金	600,000	
新 生命保険料	240,000	
旧 生命保険料		
新個人年金保険料	120,000	
旧個人年金保険料		
介護医療保険料	100,000	
地震保険料	60,000	
旧長期損害保険料		

⑬⑭ 社会保険料控除・小規模企業共済等掛金控除

⑮ 生命保険料控除

⑯ 地震保険料控除

○ 所得の内訳（所得税及び復興特別所得税の源泉徴収税額）

所得の種類	種目	給与などの支払者の「名称」及び「法人番号又は所在地」等	収入金額	源泉徴収税額

源泉徴収されている支払元についてのみ、所得の種類ごとに記入して、源泉徴収税額の合計を記入する。源泉徴収された所得でなければ未記入でOK

㊽ 源泉徴収税額の合計額

○ 総合課税の譲渡所得、一時所得に関する事項（⑪）

所得の種類	収入金額	必要経費等	差引金額

○ 雑損控除に関する事項（㉖）

損害の原因	損害年月日	損害を受けた資産の種類など

○ 寄附金控除に関する事項（㉘）

158

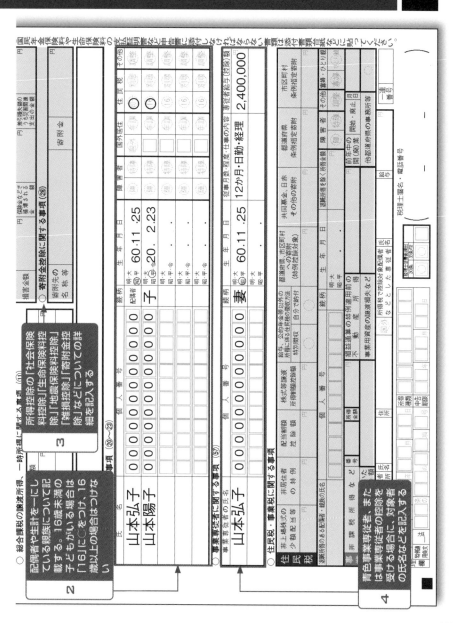

STEP 8

一般的な申告方法

POINT ▶ 事業所得のみの一般的な記入方法を説明します。必要経費の額や所得控除、税額控除などは個人によって異なるので、▶STEP 2 〜 ▶STEP 6 を参考に作成してください。

☑ チェック
- □ 必要経費を証明できる領収書は揃っているか
- □ 発生主義のしくみが理解できているか

1 「事業所得」の計算がポイント

　個人事業主やフリーランサーなどは「事業所得者」と呼ばれ、事業で得た1年間の収入を計算し、その収入を得るために要した費用（必要経費）を差し引いて、事業所得を計算します。

　必要経費は、事業の収入を得るための仕入（売上原価）や、事務所や店舗の家賃、電話代、事務用品代、交際費といったものがあります。また、事業用資産に関する減価償却費も必要経費として差し引けます（ ▶STEP 4-4 を参照）。

　この経費の額によって所得が変わります。業務上必要であることを正しく税務署に説明できるように、その支出を証明できる領収書をきちんと管理しておきましょう（ ▶66ページ を参照）。

　なお、領収書は確定申告書とともに提出する必要はありません。

▶ 事業所得の計算期間に注意しよう

　損益計算書は、「発生主義」が原則とされるので、費用と収益は発生した時点で計上することがルールとされています。これは、「商品を売った（納品した）時点で、代金を回収していなくても収入金額とする」計算方法です。

　例えば年末までに代金をもらっていなくても、販売日や請求日といった「収入の権利が確定した日」が年内であれば、その年の収入になります。

→ 事業収入以外にも収入となるものがある

収入金額は、事業を行って得た収入だけではありません。

例えば飲食店経営者が余った食材を自分で食べてしまったり、小売業者が自分で商品を使ってしまう（消費してしまう）ことがあります。これを「自家消費（家事消費）」といいます。このような場合でも、「売上があった」こととして取り扱います。

また、災害や盗難などで商品が損害を被ったときに受け取る保険金や損害賠償金、公共事業などの施工のために休業させられたときの補償として受け取る補償金なども収入になります。

あるいは、金銭の代わりに売上を物品などで回収したり、取得原価10万円未満の「少額資産」を売却して代金を得たり、作業くずなどを売却して代金を得たりした場合も、収入となります。

資産を売却した場合、本来は譲渡所得として申告するのですが、10万円未満の少額減価償却資産は、購入時に全額必要経費としているため、売却代金を収入とします。

これらの事業を行って得た収入以外のものは、「雑収入」の「その他」として計算するなど自分でルールを決めて、計上もれがないように申告してください。

STEP
8

●提出書類

☑ 申告書　第一表
　（提出用）

☑ 申告書　第二表
　（提出用）

☑ 青色申告決算書
　（青色申告者のみ）

☑ 収支内訳書
　（白色申告者のみ）

申告書 第一表 の記入例

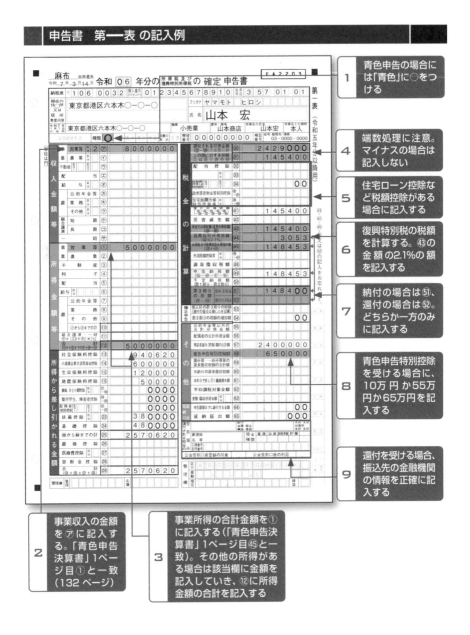

1 青色申告の場合には「青色」に○をつける

4 端数処理に注意。マイナスの場合は記入しない

5 住宅ローン控除など税額控除がある場合に記入する

6 復興特別税の税額を計算する。㊸の金額の2.1%の額を記入する

7 納付の場合は㊿、還付の場合は㊾。どちらか一方のみに記入する

8 青色申告特別控除を受ける場合に、10万円か55万円か65万円を記入する

9 還付を受ける場合、振込先の金融機関の情報を正確に記入する

2 事業収入の金額を㋐に記入する。「青色申告決算書」1ページ目①と一致（132ページ）

3 事業所得の合計金額を①に記入する（「青色申告決算書」1ページ目㊺と一致）。その他の所得がある場合は該当欄に金額を記入していき、⑫に所得金額の合計を記入する

確定申告書を作成しよう

STEP 1 ▶ STEP 2 ▶ STEP 3 ▶ STEP 4 ▶ STEP 5 ▶ STEP 6 ▶ STEP 7 ▶ **STEP 8** ▶ STEP 9 ▶ STEP 10

申告書 第二表 の記入例

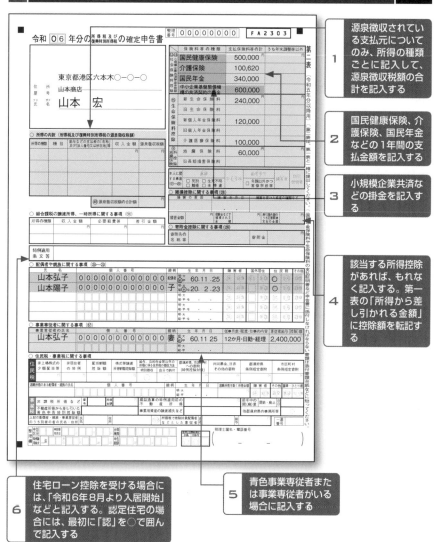

1 源泉徴収されている支払元についてのみ、所得の種類ごとに記入して、源泉徴収税額の合計を記入する

2 国民健康保険、介護保険、国民年金などの1年間の支払金額を記入する

3 小規模企業共済などの掛金を記入する

STEP **8**

4 該当する所得控除があれば、もれなく記入する。第一表の「所得から差し引かれる金額」に控除額を転記する

5 青色事業専従者または事業専従者がいる場合に記入する

6 住宅ローン控除を受ける場合には、「令和6年8月より入居開始」などと記入する。認定住宅の場合には、最初に「認」を○で囲んで記入する

独立してフリーになったら

POINT ➤ 年の途中で独立して事業主となった人は、会社員のときの給料、源泉徴収されている所得税、支払った保険料などが「給与所得の源泉徴収票」に記載されています。

☑チェック
□会社員の給与所得と事業主としての事業所得は計算方法が異なる
□会社員のときに天引きされていたものに注意

1 「給与」と「事業」の2つを合計する

　12月31日までに会社員を辞めて、個人事業主やフリーランサーとして仕事を始めた人は、会社員のときの「給与所得」と、個人事業主やフリーランサーになってからの「事業所得」の2つの所得があります。

　どちらの所得も総合課税方式のため、2つの所得を合計し、1年間に稼いだ総額に対して課税されます。確定申告のときには、給与所得と事業所得を合計し、総所得金額を計算してから課税所得を計算します。

　給与所得の部分は、辞めた会社からもらう「給与所得の源泉徴収票」（ ▶STEP 1-5 を参照）に記載されている「給与所得控除後の金額」を給与所得の欄に記入します。この「給与所得の源泉徴収票」には、ほかにも「源泉徴収税額」や「社会保険料」などの金額が記載されています。これらの記載されている金額を参照しながら申告書を作成していきます。

　事業所得の部分は、個人事業主やフリーランサーとして得た12月31日までの収入から必要経費を差し引いた額です。

2 給料から天引きされていた所得税や保険料に注意

　会社員のときの給与所得に対する所得税は、毎月の給料から天引き（源泉徴収）されて、すでに支払っています。

　年末調整を受けずに中途退職した人は、1年間に支払うであろう給料に対する税額を毎月の給料から源泉徴収されていたので、中途退職者は結果

として税金を多めに払っている可能性が高くなります。

また、給料から天引きされていたのは所得税だけではありません。健康保険料や厚生年金保険料は、所得控除の「社会保険料控除」（ ▶STEP 5-4 を参照）に該当するものです。独立後に支払った国民健康保険料などの社会保険料や国民年金保険料などと合算し、社会保険料控除の控除額を計算します。

確定申告のときには、これら以外にも所得控除に該当する支出があれば、もれなく記入して申告します。また、「基礎控除」（ ▶STEP 5-1 を参照）は、会社員、個人事業主の別なく、すべての人に適用されるので記入もれがないように注意してください。

➡ 赤字であっても確定申告をする！

会社員のときになんらかの副業をしていた人は、副業が赤字であれば確定申告の必要はありませんでした。また、副業収入が雑所得として20万円以下であったときも、確定申告はしなくてもかまいませんでした。

しかし、独立してフリーになった人は、赤字になったとしてもきちんと確定申告を行いましょう。特に初年度が赤字であれば、会社員のときに源泉徴収されていた所得税の一部を還付してもらえるので、忘れずに還付申告をしてください（ ▶STEP 1-5 を参照）。

●提出書類

☑ 申告書　第一表
　（提出用）

☑ 申告書　第二表
　（提出用）

☑ 青色申告決算書
　（青色申告者のみ）

☑ 収支内訳書（白色申告者のみ）

●添付書類

☑ 給与所得の源泉徴収票

☑ 所得控除を受ける際に必要となる書類など

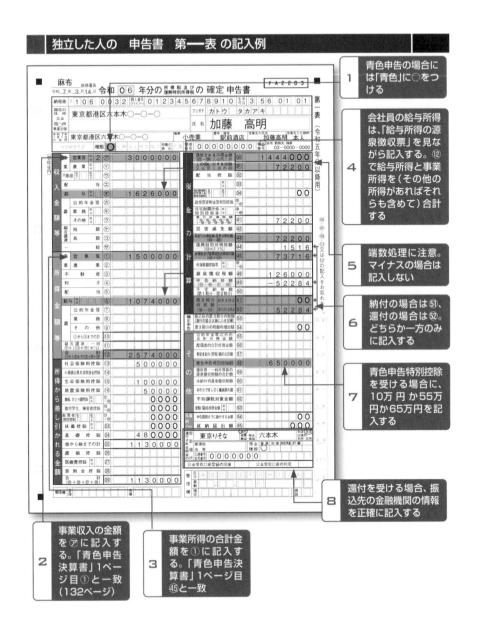

独立した人の　申告書　第一表 の記入例

1　青色申告の場合には「青色」に○をつける

4　会社員の給与所得は、「給与所得の源泉徴収票」を見ながら記入する。⑫で給与所得と事業所得を（その他の所得があればそれらも含めて）合計する

5　端数処理に注意。マイナスの場合は記入しない

6　納付の場合は㊿、還付の場合は㊿。どちらか一方のみに記入する

7　青色申告特別控除を受ける場合に、10万円か55万円か65万円を記入する

8　還付を受ける場合、振込先の金融機関の情報を正確に記入する

2　事業収入の金額を⑦に記入する。「青色申告決算書」1ページ目①と一致（132ページ）

3　事業所得の合計金額を①に記入する。「青色申告決算書」1ページ目㊺と一致

166

独立した人の　申告書　第二表　の記入例

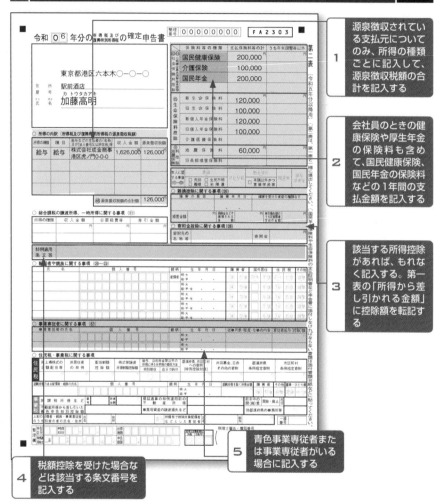

1　源泉徴収されている支払元についてのみ、所得の種類ごとに記入して、源泉徴収税額の合計を記入する

2　会社員のときの健康保険や厚生年金の保険料も含めて、国民健康保険、国民年金の保険料などの1年間の支払金額を記入する

3　該当する所得控除があれば、もれなく記入する。第一表の「所得から差し引かれる金額」に控除額を転記する

4　税額控除を受けた場合などは該当する条文番号を記入する

5　青色事業専従者または事業専従者がいる場合に記入する

STEP 8

赤字を出してしまったときは

POINT ▶ 青色申告の場合は、事業で赤字を出してしまっても、その赤字を翌年以降に持ち越すことができます。その際には、申告書の第四表（損失申告用）も作成して提出する必要があります。

✓チェック
□申告書第四表（損失申告用）も作成する
□赤字を繰り越せるのは青色申告者のみ

1 青色申告者ならば赤字を来年以降に繰り越せる

青色申告者は、「（純損失の）繰越控除」ができます。

これは、今年の事業損失を翌年以降に繰り越して、翌年以降の黒字と相殺することです（▶STEP 2-2 を参照）。

赤字の年は所得税を支払わないで済みますが、繰越控除をしておけば、翌年以降の黒字から繰り越している赤字を差し引くので、結果的に節税になります。例えば、「前年が純損失200万円の赤字、本年は所得が300万円の黒字」であった場合、前年の純損失200万円を繰越控除しておけば、本年の所得から控除することができます。たとえ本年の所得が50万円で、前年の損失をすべて控除できなかったとしても、残りの純損失150万円分は、翌年以降2年間にわたって控除できます。

▶ 申告書の第四表を作成する

赤字を翌年以降に繰り越すためには、申告書第四表（損失申告用）の（一）と（二）を作成し、申告書第一表、第二表とともに提出します。

令和6年の赤字は、3年後の令和9年分の確定申告まで繰り越せます。

また、過去3年以内の赤字を繰り越している場合も、同様に申告書第四表（損失申告用）の（一）と（二）を作成し、申告書第一表、第二表とともに提出します。

ちなみに3年前の赤字（令和3年分の赤字）は、今年（令和6年分）の確

定申告までしか繰り越せません。今年の確定申告で3年前の赤字をすべて相殺できない場合は、4年後となる来年には繰り越せません。

➔ 前年は黒字で今年が赤字の場合は「繰戻還付」

前年度は黒字だったのに、本年は赤字になってしまうこともあります。このような場合は、本年の赤字を前年度の黒字と相殺することができます。これを「(純損失の) 繰戻還付」といいます。

この制度を利用するためには、純損失が生じた年分の所得税の確定申告書に、「所得税の還付請求書」をつけて申告期限までに提出する必要があります。

また、純損失の一部だけを繰戻還付として、残りは繰越控除にすることも可能です。ただし、純損失の繰戻還付を受けた場合には、税務調査を受けることが多くなるようなので、慎重に行う必要があります。

●繰り越せる赤字の考え方

例えば以下のような状態とします。

- ●3年前……150万円の赤字
- ●2年前……130万円の黒字
- ●昨年………30万円の赤字
- ●今年……10万円の黒字

3年前に150万円の損失を繰り越し。2年前は130万円の黒字になりましたが、繰り越している150万円の損失と通算し、20万円の損失を繰り越し。

昨年は30万円の赤字となり、合計50万円の損失を繰り越して、今年の確定申告に至っています。

今年は10万円の黒字となりましたが、繰り越している損失で通算すると、所得税はゼロとなります。

繰り越している損失が40万円残っていますが、3年前の損失が通算できるのは今回の確定申告までですので、40万円のうち10万円は繰り越せず、30万円だけの繰り越しとなります。

STEP
8

確定申告書類を提出する準備をしよう

POINT 確定申告書類を税務署に提出するにも、いろいろな方法があります。
自分の都合に合わせて提出方法を決めましょう。

☑チェック
□税務署への書類提出は郵送にするか、直接持参にするか
□インターネットによるe-Taxの利用も視野に入れる

1　書類提出先の税務署を確認しよう

　申告書類の提出先は、原則として、納税地である自宅住所を管轄する税務署になります。納税地が自宅以外のオフィスや店舗である場合には、その住所を管轄する税務署に提出しましょう。

　東京23区では、同じ区内でも税務署の所管区域が異なることもあるので、提出先となる税務署をよく確認しておきましょう。管轄の税務署は、国税庁ホームページで調べられます。

(https://www.nta.go.jp/about/organization/access/map.htm)

2　税務署へ郵送する

　時間に余裕のない人や、税務相談などで提出書類の確認が済んでいる人は、窓口での混雑が避けられるため郵送で提出すると便利です。

　郵送の場合、提出期限は3月15日の消印有効です。とはいえ、期限ギリギリになってからの郵送はできるだけ避けましょう。どうしてもギリギリになってしまうのであれば、郵送した記録が残る「特定記録」や「簡易書留」を利用するほうがよいでしょう。

　宅配便による提出も可能ですが、3月15日までに税務署に必着することが条件です。早めの対応を心がけてください。

3 税務署に直接提出する

はじめての申告で不安な人や、時間に余裕のある人は、税務署に直接書類を持参して提出するほうが確実です。

提出期限内の税務署には、「確定申告無料相談コーナー」と「提出コーナー」が設置されています（いくつかの税務署を束ねた相談会場が設置されるケースもある）。確定申告無料相談コーナーでは、税務署の職員や日本税理士会連合会に加盟している税理士が相談を受けてくれるので、不明な点や確認したいことがあれば、相談しながら書類を作成することもできます。

4 インターネットを使ってe-Taxで提出する

e-Taxとは、国税を電子申告し、納税するシステムの総称です。国税ですので、所得税、消費税、贈与税、印紙税、酒税などが対象となります。これらの申告を、インターネットから行うことができます。

個人事業主やフリーランサーで青色申告を選択している人は、e-Taxで申告することを検討するとよいでしょう。なぜなら、令和2年分の確定申告から、e-Taxでなければ青色申告特別控除の額が65万円にならないからです。e-Taxでない場合には、電子帳簿を保存しない限り、控除額が55万円と、10万円少なくなってしまいます（ ▶STEP 2-2 を参照）。

e-Taxで確定申告をするためには、事前に準備が必要ですので、早めに取りかかることをお勧めします。

e-Taxで申告する

POINT	青色申告者であれば、e-Taxで確定申告を行うことで、青色申告特別控除の額が65万円になります。白色申告者も、e-Taxで確定申告を行うことができます。

> **チェック**
> □インターネットと、e-Taxができるパソコン環境が必要
> □マイナンバーカードやパスワードなど事前の準備が整っているか

1 e-Taxを利用するために必要なこと

　e-Taxで確定申告を行うには、基本的にパソコンとインターネットを使用できる環境が必要です。

　e-Taxでは、2つのマイナンバーカード方式（2次元バーコードか、ICカードリーダライタ）と、ID・パスワード方式の、3つの申告方法があります。いずれも事前準備が必要なので注意してください。

　ID・パスワード方式は、マイナンバーカード方式が浸透するまで暫定的に採用されている方法です。そのため、マイナンバーカード方式の導入を主に考えてください。マイナンバーカード方式だと、申告する以外にも「ダイレクト納付」「インターネットバンキング」「クレジットカード払い」「ペイジー対応のATM」を利用して、税金を納付することができます。

　特にこれから個人事業主やフリーランサーになる方は、e-Taxを使えるようにしておけば、「個人事業の開業・廃業等届出書」（▶39ページ）や「所得税の青色申告承認申請書」（▶41ページ）などの書類もe-Taxを使って提出できます。e-Taxに対応した会計ソフトはたくさんあるので、会計処理から確定申告書の作成、そして申告までをパソコン上で行えます。

　何といっても、いったん導入してしまえば、データの保存や過去データの呼出が容易になり、翌年以降の確定申告が楽になるという点が大きな魅力です。時間にゆとりがあるときに、e-Taxの準備をしておくことをお勧めします。

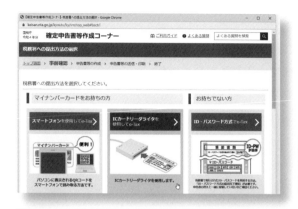

e-Taxで使用できる申告方法は3種類。事前準備を済ませたら、国税庁ホームページの「確定申告書等作成コーナー」から手順通りに進めれば、オンラインで確定申告ができる。

2 マイナンバーカード方式を選択する

マイナンバーカード方式は、マイナンバーカードでe-Taxにログインし、確定申告をする方法です。マイナンバーカードの認証に、マイナンバーカードの読み取りに対応したスマートフォンを使うのが「マイナンバーカード方式（2次元バーコード）」、パソコンとICカードリーダライタを使うのが「マイナンバーカード方式（ICカードリーダライタ）」です。

マイナンバーカード方式で確定申告を行うには、マイナンバーカードと、ICカードリーダライタかマイナンバーカードの読み取りに対応したスマートフォンのいずれかが必要です。

ICカードリーダライタを購入する場合は、どの機種を購入すればよいか以下のページで確認できます。

（http://www.e-tax.nta.go.jp/topics/topics_271209_reader_writer.htm#contents）

また、以下のページにマイナンバーカードを読み取れるスマートフォンの機種一覧が示されています。

（https://faq.myna.go.jp/faq/show/2587?site_domain=default）

使用するパソコンには、国税庁のホームページからダウンロードできる「e-Taxソフト」をインストールする必要があります（あるいはWeb型の「e-Taxソフト（WEB版）」での申告も可能です）。これも「確定申告書等

作成コーナー」の手順通りに進んで設定してください。

→ マイナンバーカード方式で申告するための準備

❶ マイナンバーカードを取得する

❷ パソコンやインターネットの利用環境を整える

❸ ICカードリーダライタかマイナンバーカードの読み取りに対応したスマートフォンを用意する

❹ 国税庁ホームページで「事前準備セットアップ」ツールをダウンロードしてインストールする

❺ 国税庁ホームページの「確定申告書等作成コーナー」で申告書を作成する

3 ID・パスワード方式を選択する

ID・パスワード方式は、マイナンバーカードが不要な代わりに、管轄の税務署に出向いて、e-Tax用のID とパスワードを取得しなければいけません。本人であることを確認できる運転免許証などを持参して、税務署を訪ねます。税務署の職員に対面で本人確認をしてもらい、「ID・パスワード方式の届出完了通知」を発行してもらいます。

また、平成30年1月以降に、申告者が確定申告会場などでパソコンを使用して申告書を作成して提出していた場合には、申告書の控えとともに「ID・パスワード方式の届出完了通知」が出力されています。もしその書類が見当たらなければ、上記の方法で再取得してください。

使用できるパソコンの環境は、マイナンバーカード方式も、ID・パスワード方式も同じです。e-Taxソフトの場合には、執筆時点では、推奨環境（国税庁が動作確認をした環境）はWindows 10とWindows 11のみで、Mac OSでは使えないとされています。また、OSだけでなくe-Taxで使用できるブラウザにも制限があります。以下のURLにアクセスして、OS、ブラ

ウザの最新の推奨環境を確認してください。

（https://www.e-tax.nta.go.jp/download/e-taxSoftDownLoad.htm）

e-Taxソフト（WEB版）ではMac OSも使用可能で、執筆時点では、Mac OS 11（ブラウザはSafari 16.4）～Mac OS 14（ブラウザはSafari 17.0）が推奨環境として挙げられていました。

（https://www.e-tax.nta.go.jp/e-taxsoftweb/e-taxsoftweb1.htm）

e-Taxを使用できる環境が整ったら、国税庁ホームページの「確定申告書等作成コーナー」で申告書を作成し、e-Taxで申告書を送信します。基本的に、システムのメンテナンス時間以外であれば、土曜日、日曜日を含めて24時間いつでも送信できます。

ID・パスワード方式は、「確定申告書等作成コーナー」で作成した申告書で申告する場合にだけ利用できる方式です。暫定的な方法とされており、いつまでID・パスワード方式が使えるかは未定となっています。

➔ ID・パスワード方式で申告するための準備

❶ 「ＩＤ・パスワード方式の届出完了通知」を取得する

❷ パソコンやインターネットの利用環境を整える

❸ 国税庁ホームページで「事前準備セットアップ」ツールをダウンロードしてインストールする

❹ 国税庁ホームページの「確定申告書等作成コーナー」で申告書を作成する

4　確定申告書等作成コーナーで申告書を作成する

まずは、国税庁ホームページの「確定申告書等作成コーナー」にアクセスします。

「確定申告書等作成コーナー」で行う手順を大きく分けると、以下のようになります。基本は画面の指示に従えばいいので難しくはありません。

STEP
8

STEP 8-7

❶ マイナンバーカード方式かID・パスワード方式かを選ぶ

❷ 「(青色申告) 決算書・収支内訳書」から作成する

❸ 「所得税」の申告書を作成する

❹ 申告書のデータを送信する

以下、「確定申告書等作成コーナー」の主な画面について説明します。

➔ 国税庁ホームページ「確定申告書等作成コーナー」

https://www.keisan.nta.go.jp/kyoutu/ky/sm/top#bsctrl

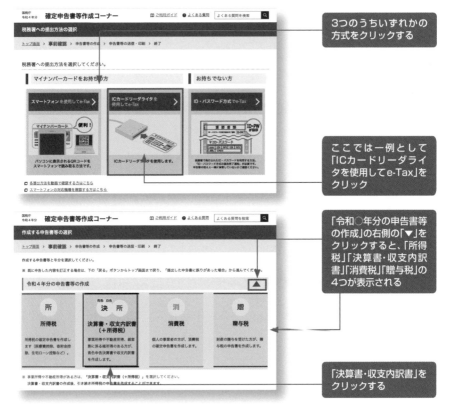

3つのうちいずれかの
方式をクリックする

ここでは一例として
「ICカードリーダライ
タを使用してe-Tax」を
クリック

「令和○年分の申告書等
の作成」の右側の「▼」を
クリックすると、「所得
税」「決算書・収支内訳
書」「消費税」「贈与税」の
4つが表示される

「決算書・収支内訳書」を
クリックする

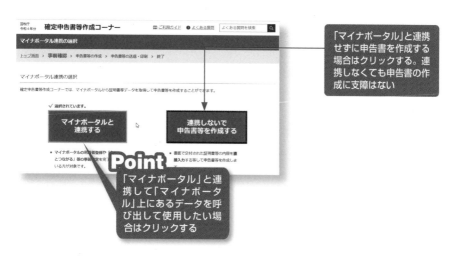

「マイナポータル」と連携せずに申告書を作成する場合はクリックする。連携しなくても申告書の作成に支障はない

Point

「マイナポータル」と連携して「マイナポータル」上にあるデータを呼び出して使用したい場合はクリックする

「青色申告決算書」を選択する

Point

白色申告の場合は、「収支内訳書」を選択する

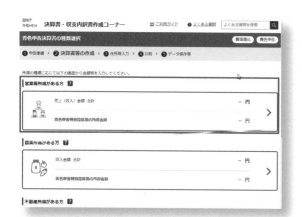

青色申告決算書の種類を選択する。一般的な個人事業主やフリーランサーは「営業等所得がある方」を選ぶ

青色申告決算書の入力画面が表示されるので、STEP7を参考に、該当するところに金額を入力していく

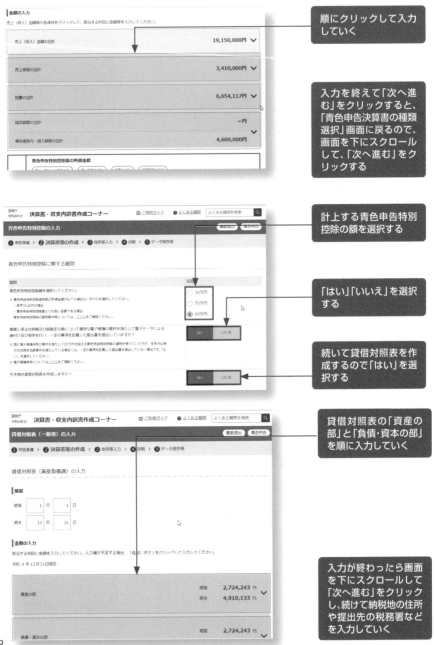

順にクリックして入力
していく

入力を終えて「次へ進
む」をクリックすると、
「青色申告決算書の種類
選択」画面に戻るので、
画面を下にスクロール
して、「次へ進む」をク
リックする

計上する青色申告特別
控除の額を選択する

「はい」「いいえ」を選択
する

続いて貸借対照表を作
成するので「はい」を選
択する

貸借対照表の「資産の
部」と「負債・資本の部」
を順に入力していく

入力が終わったら画面
を下にスクロールして
「次へ進む」をクリック
し、続けて納税地の住所
や提出先の税務署など
を入力していく

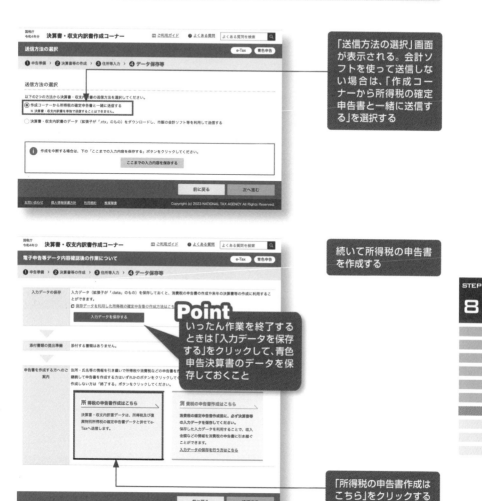

「送信方法の選択」画面が表示される。会計ソフトを使って送信しない場合は、「作成コーナーから所得税の確定申告書と一緒に送信する」を選択する

続いて所得税の申告書を作成する

STEP

8

Point
いったん作業を終了するときは「入力データを保存する」をクリックして、青色申告決算書のデータを保存しておくこと

「所得税の申告書作成はこちら」をクリックする

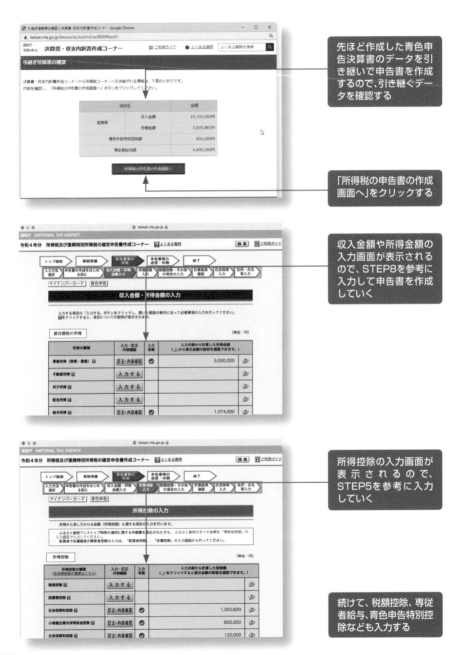

先ほど作成した青色申告決算書のデータを引き継いで申告書を作成するので、引き継ぐデータを確認する

「所得税の申告書の作成画面へ」をクリックする

収入金額や所得金額の入力画面が表示されるので、STEP8を参考に入力して申告書を作成していく

所得控除の入力画面が表示されるので、STEP5を参考に入力していく

続けて、税額控除、専従者給与、青色申告特別控除なども入力する

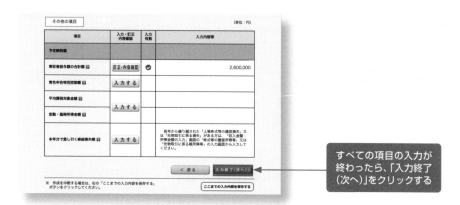

すべての項目の入力が
終わったら、「入力終了
（次へ）」をクリックする

画面を下にスクロール
しながら確認し、「次へ
進む」をクリックする

STEP

8

最後に「送信する」をク
リックする

181

消費税に関する基礎知識

POINT ▶ 令和5年10月から消費税のインボイス制度がスタートしました。消費税に関して正しい知識が浸透していないため、さまざまな誤解が生じています。ここで正しい情報を身につけておきましょう。

✓
チェック

□消費税を正しく理解する
□免税事業者は適格請求書（インボイス）の発行ができない

1 消費税の納税義務者は事業者

消費税の納税義務者は事業者（法人や個人事業主など）です。これは「消費税法第5条（納税義務者）」に定められています。商品やサービスを購入する消費者に、納税義務はありません。

納税義務者である事業者は、消費税を実際に納税している「課税事業者」と、納税を免除されている「免税事業者」の2種類に分かれます。

消費税は「総額表示」が義務づけられているため、「消費者に対してあらかじめ価格を表示する場合に、消費税額（地方消費税額を含む）を含めた価格（税込価格）を表示する」ことが原則です。商品やサービスの販売者が課税事業者か免税事業者かに関係なく、「総額表示」を行います（個人契約の家賃など、消費税額が含まれていないものもあります）。

これを勘違いして、「免税事業者が提供している商品やサービスに消費税を支払う必要はない」と解釈している消費者もいるのですが、免税事業者からの請求に対して消費税分を支払わないことは違法という判例も出ているように、商品やサービスを購入するときは、「総額表示」された価格で取引することが基本です。

2 事業者が納税額を計算して納める

実際に消費税を税務署に納めているのは課税事業者です。課税事業者は、

確定申告や決算のときに納税する消費税の額を計算します。基本的な計算式は以下の通りです。

課税される売上高に対する消費税額	−	控除できる消費税額

　控除できる消費税額のことを「仕入税額控除」といいます。この仕入税額控除がインボイス制度を理解するポイントになります。

3　仕入税額控除とは?

　仕入税額控除とは、課税仕入に課されている消費税額のことです。

　課税仕入とは、「事業のために他の者から資産の購入や借り受けを行うこと、または役務の提供を受けること。非課税となる取引や給与等の支払は含まない」(国税庁ホームページ)と説明されていますが、簡単にいうと、事業で売上を出すために支出した経費のことです。

　例えば、年間の売上が500万円だったとして、課税仕入が200万円だとすると、「課税される売上高に対する消費税額」=50万円(500万円×10%)、「控除できる消費税額」=20万円(200万円×10%)となります。50万円–20万円=30万円となり、事業者はこの30万円をもとに納付する消費税額を計算します。

　もし、課税仕入として支払った200万円のうち、その半分となる100万円が「課税仕入とはみなさない」となったらどうなるでしょうか?

　控除できる消費税額が、20万円から10万円になってしまい、50万円–10万円=40万円で、事業者はこの40万円をもとに納税する消費税額を計算することになります。つまり、「消費税の納税額が増える」のです。

4 適格請求書＝インボイス。仕入税額控除に大きな影響

インボイス制度では、このような状況が発生する可能性があります。今まで「仕入税額控除」として計上していたものが計上できなくなる可能性があるからです。なぜなら、インボイス制度によって、仕入税額控除として計算できるのは、原則として、「適格請求書発行事業者」に対する支払いのみとなるからです。

適格請求書発行事業者とは、「適格請求書（等）」を発行できる事業者のことで、この適格請求書のことを「インボイス」といいます。

課税事業者が、売上のために支払った費用を仕入税額控除とするには、その支払先（仕入先や取引先など）が「適格請求書発行事業者の登録番号」を持っている必要があります。

つまり、適格請求書発行事業者以外のところに支払った支出は、仕入税額控除の対象にならない、ということになるのです。

5 2年前の売上を基準に課税と免税が決まる

税法上は、「課税期間の基準期間における課税売上高が1,000万円を超えた事業者」が課税事業者となります。課税期間の基準期間における課税売上高が1,000万円以下なら免税事業者です。

この「課税期間」は1月1日から12月31日の1年間で、例えば令和6年分の確定申告をする事業者の場合、「基準期間」は2年前の令和4年になります。この令和4年の課税売上高が1,000万円を超えていると、その2年後となる令和6年は課税事業者になります。

ただし、基準期間の課税売上高が1,000万円以下であっても、「特定期間」の売上高が1,000万円を超えたときには、その年から消費税を納付しなければいけません。特定期間とは、前年の1月1日から6月30日までの期間を指します。さらに特定期間の1,000万円判定は、売上高だけではなく、給

与等支払額も関係します。特定期間中の売上高、給与等のいずれかが1,000万円を超えた場合には、消費税を納付しなければいけません。

　令和6年分の確定申告をする事業者の場合、基準期間は2年前の令和4年です。令和4年の課税売上高が1,000万円を超えている場合には、その2年後にあたる今年の令和6年は課税事業者になります（または上記の特定期間内の要件に該当している場合）。

　これらに該当する事業者は、課税事業者として消費税を納税する義務が発生していますから、適格請求書発行事業者となる手続きを済ませ、適格請求書発行事業者の登録番号を入手しているはずです。

6　適格請求書発行事業者になる手続き

　免税事業者が適格請求書発行事業者になるには、課税事業者になる必要があります。

　今まで1,000万円以下の課税売上高であったために免税事業者として消費税の納付が必要なかった事業者であっても、適格請求書発行事業者となれば、売上に関係なく、消費税の納税義務が発生します。

　適格請求書発行事業者となるには、「適格請求書発行事業者の登録申請書」を管轄の税務署に提出して登録を受ける必要があります。その際の条件として、課税事業者であること（あるいは、課税事業者になること）が必須です。

　免税事業者のままでは適格請求書発行事業者になれませんので、適格請求書を発行することができない、ということになります。

　控除できる消費税額が仕入税額控除で、仕入税額控除をするには適格請求書発行事業者から適格請求書を受け取る必要があります。免税事業者は適格請求書を発行できないということは、仕入先や取引先の仕入税額控除が減り、消費税の納税額が増えることになります。

　つまり、企業を相手に取引している個人事業主やフリーランサーが免税

事業者だと、インボイス制度によって、取引先である企業の消費税納税額が従来よりも増えてしまう、ということです。そのため、例えば企業が接待交際で使う飲食店であれば、適格請求書を発行できるかどうか問い合わせを受けることがあるはずです。適格請求書を発行できない場合には、それによって企業が接待交際で利用することを手控えるケースも出てくるかもしれません。

　一方で、一般の消費者だけを相手にしている個人事業主やフリーランサーであれば、インボイス制度はあまり影響しません。例えば、一般客相手の飲食店や美容院、カメラマンなどが該当します。一般の消費者は仕入税額控除を気にしないため、彼らから適格請求書を要求されることはほぼ考えられないためです。

7　インボイス制度の経過措置や特例

　インボイス制度には、経過措置や特例があります。主なものとして、以下をおさえておきましょう。

➡ 仕入税額控除の経過措置

　適格請求書発行事業者以外への支払いは仕入税額控除できないことが原則ですが、一定の期間だけ、一定の割合を仕入税額控除できる経過措置がとられています。

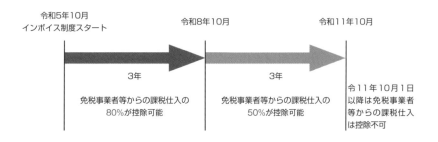

➡ 2割特例

インボイス制度スタート後に、免税事業者から適格請求書発行事業者(課税事業者) になった場合、「2割特例」を適用することができます。

例えば、売上が500万円のときの消費税は50万円 (500万円×10%) ですが、2割特例によって、「この2割を消費税額として納税する」ことが認められます。つまり、50万円の2割にあたる10万円を消費税として納税すればよい、ということです。

もともと課税事業者であったり、インボイス制度を機に適格請求書発行事業者になったとしても、基準期間の売上が1,000万円を超えていたら適用できないなど要件がありますので注意してください。

この２割特例を適用できる期間は、令和8年9月30日までとなります。

➡ 取引金額が１万円未満の場合は「少額特例」が適用される

以下のいずれかに該当する場合は、適格簡易請求書 (▶47ページ を参照) の保存が免除される優遇措置があります。

・基準期間における課税売上高が1億円以下の事業者
・特定期間における課税売上高が5,000万円以下の事業者

該当する場合は、1万円未満の取引に関する支払いで領収書やレシートの保存が不要となります (従来の帳簿の保存のみで仕入税額控除が適用されます)。期間は、令和5年10月1日～令和11年9月30日の6年間です。

簡易課税とみなし仕入率

POINT ▶ 消費税の課税事業者が納税する消費税額を計算するときには、2つの計算方法があります。ひとつは「本則課税」、もうひとつが「簡易課税」です。

チェック
- □ 年間売上が5,000万円以下の事業者は簡易課税を選択できる
- □ 簡易課税の「みなし仕入率」を理解する

1 簡易課税とは

消費税の計算方法は2つあります。

ひとつは「本則課税」という方法です。これは、仕入税額控除によって納付する消費税額を計算する方法です。具体的には、売上に応じた消費税相当分から仕入税額控除を差し引き、納税する消費税を計算します。

もうひとつは「簡易課税」という方法です。これは課税売上総額の10％（消費税率）に、あらかじめ決められた一定の割合を掛けた金額を1年間に支払った消費税相当額とみなして、納税する消費税を計算する方法です。このあらかじめ決められた一定の割合のことを「みなし仕入率」といい、40〜90％に決められています（▶191ページを参照）。

例えば課税売上高が4,000万円の小売業者の場合、受け取った消費税は4,000万円×10％の400万円です。小売業のみなし仕入率は80％なので、支払ったとみなされる消費税は4,000万円×10％ ×80％＝320万円となり、受け取った消費税400万円から支払ったとみなされる消費税320万円を差し引いた80万円が、納税する消費税額になります。

簡易課税で納税するには、あらかじめ前年の12月31日までに「消費税簡易課税制度選択届出書」を税務署に提出しておく必要があります。なお、一度簡易課税を選択すると、2年間は本則課税に変更できなくなります。

「消費税簡易課税制度選択届出書」の記入例

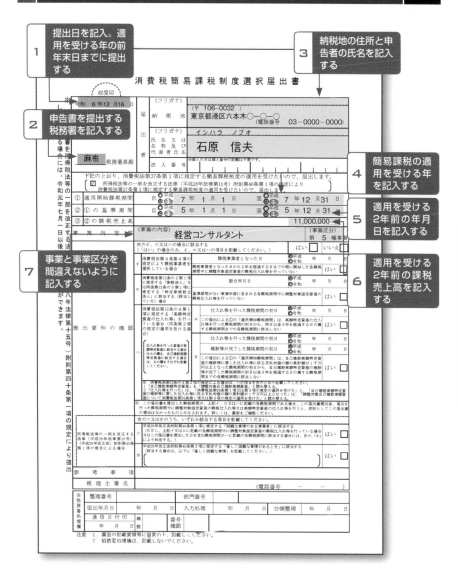

1 提出日を記入。適用を受ける年の前年末日までに提出する

2 申告書を提出する税務署を記入する

3 納税地の住所と申告者の氏名を記入する

4 簡易課税の適用を受ける年を記入する

5 適用を受ける2年前の年月日を記入する

6 適用を受ける2年前の課税売上高を記入する

7 事業と事業区分を間違えないように記入する

STEP **8**

■本則課税

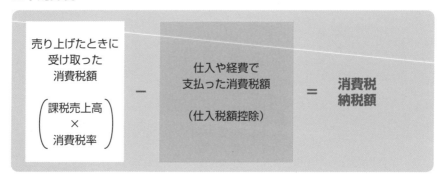

■簡易課税

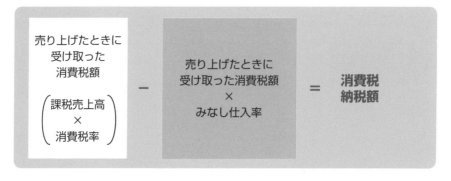

2 簡易課税は年間売上5,000万円以下の事業者ができる

　簡易課税を選択できるのは、基準期間の課税売上が5,000万円以下の事業者です。基準期間の課税売上が5,000万円を超える事業者は本則課税しか選択できません。

　簡易課税は、適格請求書発行事業者も行えます。基準期間の課税売上が簡易課税の対象となる5,000万円以下で、「消費税簡易課税制度選択届出書」を提出しているなら、適格請求書発行事業者も、簡易課税のみなし仕入率を使って消費税納税額を計算できる、ということです。

簡易課税のみなし仕入率と、複数の事業を行っている場合

みなし仕入率は、事業の内容によって異なります。第1種～第6種までの事業区分が定められており、最もみなし仕入率が高くなるのは「卸売業」の第1種、最も低くなるのは「不動産業」の第6種です。

■事業区分とみなし仕入率

事業区分	事業の内容	みなし仕入率
第1種	卸売業（仕入商品を加工せず事業者に販売）	90%
第2種	小売業（仕入商品を加工せず消費者に販売）	80%
第3種	製造業（農業・鉱業・建設・製造小売など）	70%
第4種	飲食業など	60%
第5種	運輸通信業、金融・保険業、サービス業など	50%
第6種	不動産業	40%

STEP

8

複数の事業を展開している場合には、事業によってみなし仕入率が異なることがあります。その場合には、それぞれの事業ごとに計算を行って算出した課税売上高に対して、事業ごとのみなし仕入率を適用します。

インボイス制度スタート後に、免税事業者が適格請求書発行事業者の登録申請を行って課税事業者になった場合には、「2割特例」（▶187ページ を参照）を適用することができます。卸売業、小売業以外の業種であれば、2割特例を適用するのが有利です。2割特例なら、簡易課税のように届出は必要ありません。

2割特例の注意点は、適用できる期限が令和8年9月末分までの売上となっていることです。

消費税の申告方法

POINT 消費税の申告は、国税庁ホームページの「確定申告書等作成コーナー」を使いましょう。画面の指示に従って入力していけば、システムが自動計算してくれます。

チェック
- □ 基準期間の課税売上高などの情報を準備する
- □ 2割特例の検討を忘れないこと

1 確定申告書等作成コーナーを利用する

　消費税の申告は、所得税の申告と比べると作成する申告書の枚数が多くなるので、手書きするよりも、国税庁ホームページの「確定申告書等作成コーナー」を使うことをお勧めします。

　消費税の申告締切日は3月末日で、納付期限も同じです。所得税の確定申告の締切日よりも少しだけ先になりますが、忘れてしまう可能性があるので、所得税と一緒に申告、納税するようにしましょう。

　ここでは、確定申告書等作成コーナーを使った消費税申告の基本的な流れを説明します。まずは、▶176ページと同じ手順で進めて以下の画面を出します。

「消費税」をクリックする

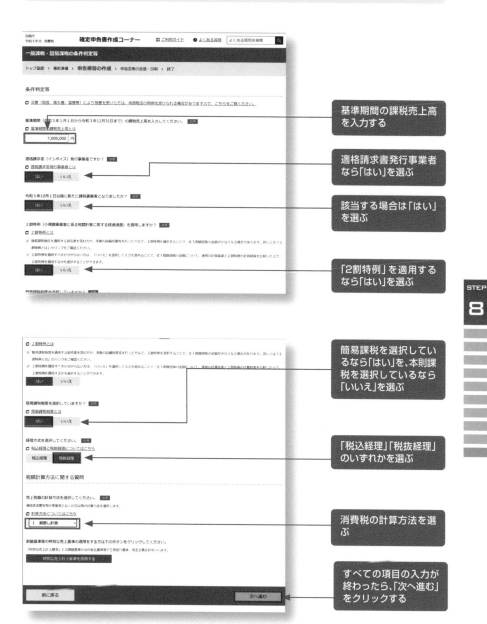

確定申告書を作成しよう

STEP 1　STEP 2　STEP 3　STEP 4　STEP 5　STEP 6　STEP 7　**STEP 8**　STEP 9　STEP 10

基準期間の課税売上高を入力する

適格請求書発行事業者なら「はい」を選ぶ

該当する場合は「はい」を選ぶ

「2割特例」を適用するなら「はい」を選ぶ

STEP 8

簡易課税を選択しているなら「はい」を、本則課税を選択しているなら「いいえ」を選ぶ

「税込経理」「税抜経理」のいずれかを選ぶ

消費税の計算方法を選ぶ

すべての項目の入力が終わったら、「次へ進む」をクリックする

193

「所得区分の選択」画面
が表示されるので、該当
する所得にチェックを
入れる

「次へ進む」をクリック
する

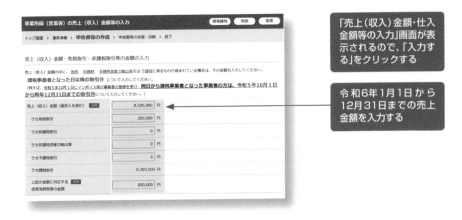

「売上（収入）金額・仕入
金額等の入力」画面が表
示されるので、「入力す
る」をクリックする

令和6年1月1日から
12月31日までの売上
金額を入力する

売上原価や経費を入力
後に画面をスクロール
し、該当するものを選択
したら「次へ進む」をク
リックする

「売上（収入）金額・仕入
金額等の入力」画面に戻
るので、「次へ進む」をク
リックする

納付額が表示される

画面をスクロールし、計算結果を確認したら、「次へ進む」をクリックする

「納税地等入力」画面が表示されるので、納税地の住所や提出先の税務署などを入力していく

STEP

8

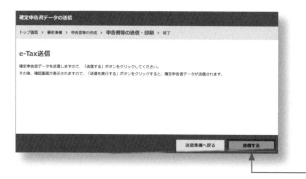

「送信前の申告内容確認」画面が表示されるので、「帳票表示・印刷」ボタンを押して印刷(またはPDFファイルとして保存)する

最後に「送信する」をクリックして、申告書のデータを送信する

第三部

申告後の手続きと法人化

申告書類を提出したあとの手続きについておさえておきます。
また、個人事業主から株式会社などの法人に移行する際の「見極め」に
ついても知っておくことで、今後の経営のヒントが見つかるはずです。

STEP 9
申告後の手続き

税金を納付する

POINT 所得税や消費税の申告書を提出したら、そのまま税務署に税金を納付します。納付方法は決められたものから自分で選ぶことができますが、事前に手続きが必要な場合があるので注意してください。

✓ **チェック**
- □ 申告書を提出したら、納税すべき所得税や消費税を納める
- □ クレジットカードやPay払いなどを利用することもできる

1 　所得税・消費税の納付期限日と納付方法

　所得税や消費税の確定申告書を提出したら、所得税や消費税を納付します。

　所得税の納付期限は、所得税の確定申告書の締切日と同じ3月15日です。確定申告書を提出したら、期限までに必ず納めてください。

　所得税の還付を受ける場合は、確定申告書を期限までに提出すれば、所得税を納める必要はありません。税務署から、指定した口座に還付金が入金されたことを確認してください。

　消費税の納付期限は、3月末日です。消費税も所得税と同様に、確定申告書の提出締切日が納付期限となります。

　所得税と消費税は、確定申告書の提出期限（納付期限）に差がありますが、所得税の確定申告書と一緒に消費税の確定申告書も提出してしまいましょう。納付も、所得税と消費税を一緒に行うことをお勧めします。所得税が還付になっていたり、あるいは赤字の繰越をした人でも、消費税は納付になっているケースがほとんどなので、忘れずに納付してください。

　所得税も消費税も、申告書を税務署に持参するのであれば、税務署で納税することができます。税務署に置いてある「納付書」に納付金額と納付者の情報を記入して、現金で納付します。

　この納付書は、金融機関でも使えます。ただし、金融機関での取り扱いは15時（午後3時）までとなっていますので、窓口の営業時間だけでなく、

納付する時間帯にも注意してください。

　納付税額が30万円以下の場合であれば、税務署から送られてくる「バーコード付納付書」を使って、多くのコンビニエンスストアでも支払うことができます。

2 口座からの引き落としも可能（事前に手続きが必要）

　所得税や消費税は、銀行口座などから自動引き落としで納付することもできます。これを「振替納税（ふりかえのうぜい）」といいますが、事前に手続きが必要です。

　手続きは、税務署にある「預貯金口座振替依頼書兼納付書送付依頼書」に必要事項を記入して申告書と一緒に提出するか、納付期限日までに郵送します。振替納税の手続きをすると、翌年以降も振替納税になります。

　振替納税では、申告書を提出してから1か月くらい先に引き落とされます。残高不足で引き落とせないと延滞税が課せられてしまいます。

　なお、引っ越しなどにより管轄の税務署が変わる場合には、異動先の税務署へ口座振替依頼書を提出する必要がありましたが、令和5年1月以降の異動からは、その必要がなくなりました。

STEP
9

3 クレジットカードでの納付もできる

　所得税や消費税は、クレジットカードでも支払うことができます。納付は、国税庁長官に指定された納付受託者の「国税クレジットカードお支払サイト」で行います。24時間利用可能ですので、税務署や金融機関のように、営業時間や取り扱い時間の影響を受けません。

　令和6年9月時点で利用可能なクレジットカードは、「Visa」、「Mastercard」、「JCB」、「American Express」、「Diners Club」、「TS CUBIC CARD」となっています。

→ クレジットカード納付のための手続き

クレジットカードで納付するには、以下の手順で手続きを行います。

クレジットカードを用意して、「国税クレジットカードお支払サイト」にアクセスします。国税庁のホームページにある「国税クレジットカードお支払サイト」のリンクをクリックしてアクセスしてください。

e-Taxを使っている人は、e-Taxを利用して電子申告・徴収高計算書データの送信（または納付情報登録依頼の送信）をしたあとに、メッセージボックスに届く受信通知からアクセスします。

最近はフィッシング詐欺がたいへん多くなっていますので、特に注意してください。クレジットカードで納付する前に、必ずサイトのURL(https://kokuzei.noufu.jp) を確認しましょう。また、国税庁やe-Taxをかたる詐欺メールにも注意してください。差出人として表示されている名称ではなく、メールアドレスそのものを確認します。少しでも不審に思ったら、管轄の税務署に確認してください。

「国税クレジットカードお支払サイト」での納付手続きは、最初に表示される利用規約を確認してから、「利用者情報」の欄に自分の情報を入力します。次に納付する税金に関する情報を入力し、最後に利用するクレジッ

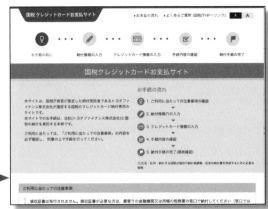

トカードの情報を入力します。

→ クレジットカード納付の注意点

クレジットカード納付では、納税額のほかに、手数料が発生します。手数料は一定ではなく、納税額に応じて変わります。納税額が多くなればなるほど手数料も高くなります。

この手数料は、次の年の確定申告のときに、「支払手数料」として経費になります（ ▶236ページ を参照）。

クレジットカードで納付できる税額には上限があり、1回の手続きあたり1,000万円未満となります。また、使用しているクレジットカードの限度額を超えて支払うこともできません。

利用可能時間は24時間ですが、メンテナンス作業などで利用できない時間もあるので、期限ギリギリに手続きすることは避けましょう。また、e-Taxからアクセスする場合は、利用できるのはe-Taxの利用可能時間に限られます。

領収証書は発行されないので、領収証書が必要であれば、クレジットカード納付はせずに、金融機関か管轄の税務署の窓口で納付しましょう。

金融機関やコンビニエンスストア、税務署の窓口では、クレジットカードによる納付はできません。

また、クレジットカード納付をした場合、納税証明書の発行が可能となるまで、3週間程度の時間がかかる場合があります。

4　スマホを使ったPay払いもできる

令和4年12月から、「Pay払い」を使った「スマホアプリ納付」が可能になっています。

スマートフォン決済専用のWebサイト（国税スマートフォン決済専用サイト）から利用可能なPay払いを選択して納付する方法です。

「国税スマートフォン決済専用サイト」（https://kokuzei-sp-noufu.gmo-pg.com/direct/agreement）で、7種類のPay払いからひとつ選び、納付手続きをします。

令和6年9月時点で選べるPay払いは、「PayPay」、「d払い」、「au PAY」、「LINE Pay」、「メルペイ」、「Amazon Pay」「楽天ペイ」の7種類です。

メリットは、手元に現金を用意せずにキャッシュレスで納付できること。納付のために、わざわざ収納機関の営業時間内に出向かなくてよいこと。さらに事前手続きが不要なことなどが挙げられます。

また、e-Taxで確定申告をして「スマホアプリ納付」をする場合には、e-Taxで申告をしたあとにe-Taxのメッセージボックスに格納される受信通知から専用サイトにアクセスすることで、住所、氏名、納付する税目や税額などの納付情報の入力を省略できます。

注意点は、納付できる税額の上限が30万円であることです。これ以上の金額を「スマホアプリ納付」することはできません。また、たとえ納税額が30万円以下であったとしても、Pay払いで設定した上限金額を超える金額は納付できませんし、事前に残高不足にならないようにチャージして

おく必要があります。

5　e-Taxなら「ダイレクト納付」もできる

　e-Taxを使用している人には、「ダイレクト納付」という納付方法もあります。e-Taxを使って申告書を提出したあと、納税者名義の金融機関口座から、指定した期日に引き落とす方法です。e-Taxで提出したあとに引き落としの設定をする必要がありますが、手数料がかからず、オンラインで納税できるので便利です。

　e-Taxの利用開始手続きが終わっていれば、e-Taxにログインして届出書を提出すると「ダイレクト納付」を使用できます。https://www.e-tax.nta.go.jp/ にアクセスしてログインしてください。メインメニューにある「申請・納付手続を行う」をクリックします。次に、「新規作成」欄の「操作に進む」ボタンをクリックします。画面をスクロールし、「ダイレクト納付利用届出書を提出する」欄の「ダイレクト納付利用届出書」ボタンをクリックし、手順に従って登録します。

　ただし、届出書を提出すればすぐに使用できるというわけではないので、事前に準備するようにしてください。

　また、「振替納税」と異なり、自分で「ダイレクト納付」の引き落としを設定する必要があります。「ダイレクト納付」の引き落とし日を設定しないと税金が支払われません。手続きしてすぐに引き落とされる即時引き落としも可能ですので、資金繰りに余裕のある人は、即時引き落としでの納付をお勧めします。

還付金の入金を確認する

POINT ▶ 還付申告になった場合には、きちんと還付されたのかを確認します。還付後には住民税の通知が届きます。還付金を住民税の支払いにあてるのも手です。

✓ チェック
- □還付金が入金されたことを確認する
- □住民税は4分割で納めるので、納税額に注意する

1 還付金の入金額を確認する

　事業が赤字だったり、いくつかの所得控除などを受けたために、源泉徴収や予定納税（ ▶28ページ を参照）としてすでに納付している所得税額よりも納めるべき所得税額が少なくなった場合には還付申告となり、申告後に払いすぎていた所得税が返還されます。この返還されるお金のことを還付金（かんぷきん）といいます。

　還付金が入金される日は決まっていません。

　税務署が書類を確認し、書類に不備や誤りがなければ還付が確定し、還付する金額と振込日が記載されたハガキが送られてきます。

　申告書に記載した銀行口座などに、還付金が指定された日にきちんと入金されたことを確認してください。ちなみに振込人の名前は税務署の名前になっています。

　ただし、その他に納めていない税金（消費税などの国税に限られる）がある場合には、その税金と相殺されてしまう場合もあります。

2 還付金は住民税の支払いに回すとよい

　住民税は、前年の所得を基準に計算されます。会社員から個人事業主やフリーランサーになると、1回目の確定申告のあとに、誰もがこの住民税で苦労します。

　会社員の場合は、会社が給与から天引きする「特別徴収（とくべつちょうしゅう）」という方法で、

1年間の住民税額を月ごとに分けて納めています。

　これに対して個人事業主やフリーランサーは、「普通徴収」という納税者が自分で納める方法で、1年間の住民税を4回に分けて納税しなければなりません。

　会社員は、毎月給与から天引きされて12回に分けて支払っていますが、個人事業主はそれを4回で払うことになるので、1回あたりの金額が多くなり、しかも自分の預金から支払うわけですから、最初は苦労します。

　住民税の通知が届くのは5月です。還付申告の人は、住民税の通知が届く前に還付金が入金されることが多いので、還付金を住民税にあてることをお勧めします。

　ちなみに住民税の税額計算は、所得税の確定申告をすれば特別な手続きをする必要はなく、住民税の額は自動的に決まります。

　住民税の課税所得は、控除額など多少の違いはあっても、所得税と計算方法がほぼ同じです。おおよその目安として、「課税所得×10%」が住民税の金額になると覚えておきましょう。

　また、住民税の通知と前後して、黒字決算だった人には、予定納税の通知も届きます。

　昨年が黒字の人は、確定申告時に所得税を納税したら、6月以降に住民税の納付と予定納税がありますので、資金計画をしっかり立てて対応しましょう。

　予定納税も、納付日までに納税をしなければ、延滞税が課せられます。

STEP
9

税務調査に備える

POINT 税務署からのアポで税務調査を受けることがあります。税務調査では帳簿や経理関係の書類が必要になりますので、書類の整理と保管を普段からきちんと行っておきましょう。

チェック
- □ いつ税務調査を受けても大丈夫なように、書類を整理・保管しておく
- □ 収入印紙の有無と、その消印は税務調査でよくチェックされる

1 税務調査には誠実に対応する

　申告書提出後に税務署から問い合わせがあるかもしれませんが、それは必ずしも税務調査とは限りません。添付書類の不足や単なる計算ミスの連絡などもあります。問い合わせには誠実に対応しましょう。

　税務調査と思い込んで居留守を使ったり、折り返し連絡をしなかったりすると、かえって何かあるのではないかと、あらぬ疑いをかけられてしまいます。税務署を怖がったり、また逆にすごんでみせるのはまったく意味のないことです。

　個人事業主が税務調査を受ける確率は、法人に比べるとかなり低くなります。個人事業主が税務調査を受けるのは、不動産の売買といった多額のお金が動いた場合や、金融商品の取引やインターネットビジネスなどで多額の収入があったにもかかわらず、申告をしていない場合などが多くなります。

　それでも心配な人のためにあえていうならば、調査の対象となりやすいのは以下のような場合です。

❶ 売上が多い、特に前年より極端に増えた
❷ 利益率が極端によくなった、または同業他社よりも極端によい
❸ 現金商売である
❹ 過去の調査で多額の修正申告をしたことがある

　税務調査はいわゆる「マルサ（国税局査察部）」を除き、原則として電話で事前に連絡がくるので、担当者の名前を確認してください。「○○日に伺いたい」といわれますが、都合が悪ければ日程を調整してもらえます。

　例外として、店舗などの場合には、ある日突然調査官がやってくることがあります。これは現金残高の確認のためです。このようなときには、まず担当者の身分証明書を確認してから対応してください。

　調査当日は、過去3年間の帳簿と請求書や領収書を用意して、聞かれたことに誠実に答えましょう。わからないことや記憶があいまいなことは無理に答えず、きちんと調べて後日連絡するようにします。

2　経理資料は7年間保管する

　帳簿書類は7年間保存しておかなければいけません。一部5年間でよいものもありますが、保存期間は7年間に統一しておきましょう。

　領収書はA4用紙（裏紙でかまいません）に日付順に貼り、請求書控えなどとまとめて紙袋に入れて、「令和○○年分」と記入しておきます。

　書類保存用のダンボール箱を1年分でひとつと決めて、これに入れておきます。そして7年経過したものから順番に処分していきます。

　上記はあくまでも一例です。どんな方法であれ、きちんと紛失しないように保存し、必要があったらいつでも取り出せれば何の問題もありません。自分に合う方法を見つけましょう。

　特に見落としがちで注意を要するのが印紙税です。契約書は内容によって印紙を貼らなければならないものが多くあります。文書の表題は関係なく、その内容で判断されます。

　印紙は消印をして、はじめて印紙税を納めたことになります。

　印紙税のペナルティは本来の印紙税額の3倍と、かなりの高額です。税務調査でもよく確認される内容ですので注意しましょう。

STEP
9

印紙税とは

□収入印紙と印紙税

仕事を受発注する際に取り交わす契約書や、金銭の受け取りを証明する領収書には、「印紙（収入印紙）」を貼って印紙税を納めるのが原則です。この印紙（収入印紙）代が印紙税にあたります。

印紙を貼るべき書類は法的に決められており、書類の種類や契約金額、受取金額によって印紙代は異なりますので、個人事業主やフリーランサーが企業と結ぶ契約書に印紙を貼るべきかどうかは、契約する企業に確認するのがよいでしょう。

□領収書に貼る収入印紙はどうすればいい？

商品代金を受け取った際に作成する領収書では、5万円未満（消費税は含まない）の場合には、印紙を貼る必要はありません。注意点は、「消費税を含まない金額が5万円未満であることがわかるように、消費税を必ず記載する」ことです。

領収書の記載金額	印紙税額
5万円未満	非課税
5万円以上、100万円以下	200円
100万円を超え、200万円以下	400円
200万円を超え、300万円以下	600円
300万円を超え、500万円以下	1,000円
500万円を超え、1,000万円以下	2,000円

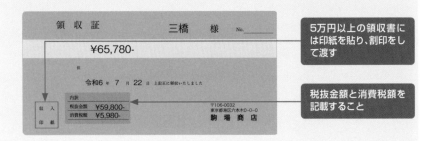

領収証　　　三橋　様　No._____

¥65,780-

令和6年 7月 22日 上記正に領収いたしました

内訳
税抜金額　¥59,800-
消費税額　¥5,980-

〒106-0032
東京都港区六本木0-0-0
駒場商店

収入印紙

5万円以上の領収書には印紙を貼り、割印をして渡す

税抜金額と消費税額を記載すること

STEP 10

個人事業主から法人に

法人化のメリットとデメリット

POINT ▶ 個人事業主やフリーランサーから、法人を設立して事業を行う立場になると、どのようなメリットとデメリットがあるのでしょうか。ここでは、その点を掘り下げて理解しましょう。

☑チェック
□法人化を視野に入れる
□法人化のメリット、デメリットを整理する

1 会社のほうが有利?

個人で事業を行っている人が、一定規模以上に事業が成長してきたときには、「会社形態のほうが有利なのではないか?」ということを考えるようになります。

個人で行っていた事業を会社形態で行う(一般に、これを「法人成り」といいます)場合、今までの個人事業と比べてどのようなメリット、あるいはデメリットがあるのか、税金の負担はどうなるのか、事務手続きがわずらわしくなるのかといったことは、多くの個人事業主が抱く疑問です。

ここでは、法人化のメリットとデメリットを整理しますので、「個人事業」のままで事業を行っていくのか、それとも「法人成り」をして事業を行っていくのか、考える際の参考にしてください。

2 法人化のメリット

①信用力

資本を入れて事業を行っていることで社会的な信用が得られます。

②代表者の給与

法人では、代表者として自らに給与を支給することができるので、給与所得控除が受けられます(▶STEP 10-3 を参照)。場合によっては、個人事業形態より税金の額が少なくなります。

③家族に対する経費

　個人事業では、生計を一にする配偶者やその他の親族に対する給与・賃貸料・利子・退職金等の経費の支払いは、原則として必要経費に算入することができません。

　例外的に、青色申告ならば青色事業専従者として登録した人に支給する給与が、白色申告ならば事業専従者控除が必要経費にできるだけでした（▶STEP 2-6 ▶STEP 7-3 を参照）。

　しかし、法人では、原則として、生計を一にする配偶者やその他の親族に対して支払った給与なども、損金として必要経費のように扱うことが認められます。

④減価償却費

　個人事業では、減価償却費の計上は強制的なものです。業績にかかわらず、赤字であろうと計上しなければなりません。

　しかし、法人の場合は自由裁量で減価償却費を計上できるようになります。業績の好不調を見ながら、減価償却費の計上を翌事業年度以降に先送りすることも可能です。

　ただし、そのように任意に調整した減価償却費を計上した決算だと、対外的な信用をなくす恐れもありますので、メリットとはいいきれない面もあります。

⑤欠損金の繰越

　個人事業で青色申告を行っている場合には、純損失を繰り越せる期間は3年間でした。

　一方で、法人で青色申告を行っている場合には、欠損金を繰り越せる期間が10年になり、個人事業と比べて7年も長く繰り越せます。

STEP
10

⑥事業承継

　財産を株式化することで、後継者への財産の移転が容易になります。

⑦消費税の免税事業者（令和5年10月からはインボイス制度）

　1,000万円に満たない資本金の会社の場合、設立年度と2年目の事業年度は消費税の免税事業者となり、消費税の納税義務が免除されます。免税事業者は消費税を徴収してもしなくても、消費税を納付する義務はありません（課税事業者は「課税される売上高に対する消費税額」から「控除できる消費税額」を差し引いた金額を納税している）。

　これは大きなメリットだったのですが、悪用されるケースが増えたため、現在は、基準期間（▶STEP 8-8 を参照）の課税売上高が1,000万円以下であっても、特定期間（法人の場合は、その事業年度の前事業年度開始の日以後6か月の期間）の課税売上高が1,000万円を超えた場合、当課税期間から課税事業者として消費税の納付義務が発生すると改められています。

　また、消費税のインボイス制度スタートにともなって、消費税の課税事業者・免税事業者のいずれを選択すればいいかの判断は難しくなりました。

3 ┃ 法人化のデメリット

①交際費

　個人事業では、交際費の必要経費について、金額の制限はありません（▶230ページ を参照）。一方で、法人の場合には損金算入（個人事業における必要経費）に金額の上限が設けられています。したがって、上限までしか損金に算入することができません。

　資本金（または出資金）の額が1億円以下の法人は、年間800万円が上限額になります。

②均等割（法人住民税）

　個人事業では、赤字であれば、事業にかかわる税金の負担はありません。しかし、法人の場合だと、たとえ赤字でも法人住民税を負担しなくてはなりません。資本金1,000万円、従業員50人以下の場合には年間7万円になります。

③設立費用

　資本金1円から会社を設立できますが、登記費用として、約30万円程度の資金が必要になります。

④商業登記

　会社設立時以外にも、取締役・監査役の任期に合わせた役員変更や、本店を移転した場合や、増資を行った場合にも、その都度登記が必要になってきます。これは事務手続き上のデメリットです。

⑤社会保険への加入

　原則として加入が義務づけられます。法人として負担すべき社会保険料が発生することになります。

⑥会計帳簿・税務申告書の作成

　個人事業で作成する帳簿は、まだ簡易なものでした。しかし、法人が作成しなければならない財務諸表は、当然、厳格であることが求められますので、作成に煩雑さがともないます。かなりの手間がかかることになります。

個人の税金と法人の税金

POINT ▶ 個人と法人では、納付すべき税金の種類や数などに違いがあります。ここでは、その違いを大まかに確認することで、将来「法人成り」の選択をすべきかどうかの判断材料としてください。

チェック ✓
- □個人と法人の税金について、その概略をおさえる
- □個人の事業税には、290万円の控除が認められる

1 個人が負担する税金について

個人事業主が負担する税金には、所得税・住民税・事業税などがあります。住民税は一律10%ですが、所得税と事業税は以下のようになっています。

■所得税の税率

課税所得金額	税率	控除額
1,000円から1,949,000円まで	5%	—
1,950,000円から3,299,000円まで	10%	97,500円
3,300,000円から6,949,000円まで	20%	427,500円
6,950,000円から8,999,000円まで	23%	636,000円
9,000,000円から17,999,000円まで	33%	1,536,000円
18,000,000円から39,999,000円まで	40%	2,796,000円
40,000,000円以上	45%	4,796,000円

（注）課税所得金額とは、税率を掛ける前の金額のことをいいます。算出方法は以下の計算式を参考にしてください。
　　①一般の事業者……課税所得＝事業収入－必要経費－所得控除額
　　②給与所得者………課税所得＝給与収入－給与所得控除額－所得控除額

■事業税の税率

一般的な事業の場合は一律5%です（▶226ページを参照）。算出方法は以下の通りです。事業主控除は年間290万円です。

事業税額 ＝ （事業所得－事業主控除） × 税率5%

2　法人が負担する税金について（資本金1億円以下の場合）

　法人が負担する税金には、法人税・法人事業税・法人住民税などがあります。それぞれの税率は以下のようになっています。

■法人税の税率（平成30年4月1日以降に開始する事業年度）

所得金額	税率
年間800万円以下の部分	15%
年間800万円超の部分	23.2%

■法人事業税の税率（令和4年4月1日以降に開始する事業年度）

所得金額	税率
年400万円以下の部分	3.5%
年400万円超〜800万円以下の部分	5.3%
年800万円超の部分	7.0%

■法人住民税の税率（令和元年10月1日以降に開始する事業者）

適用法人	税率
法人税額年1,000万円以下の法人	7.0%

STEP
10

■地方法人税の税率

　地方法人税の額は、課税標準法人税額に10.3%の税率を乗じた金額となります。

　なお、法人税について外国税額控除の適用を受ける場合で、控除対象外国法人税の額が法人税の控除限度額を超えるときは、地方法人税についても外国税額控除の適用を受けることができます。

　地方法人税額　＝　課税標準法人税額　×　税率10.3%

215

代表者や家族に対する給与はどうなるか?

POINT 事業主体が個人から法人に移ると、給与形態が変わってきます。代表者の給与や家族への給与はどうなるのか。個人事業から変わる点を確認しましょう。

チェック
- □給与所得控除が受けられるメリットについて理解する
- □役員報酬が制限されるなど、注意すべき点もおさえる

1 代表者の給与

　個人事業主と法人の課税体系で最も異なるのは、法人は代表者に対して給与を支給できることです。

　事業で稼いだ収入を、法人では給与として支給することにより、税金面でのメリットを享受できます。

　給与を受け取った個人にとっては給与所得となるので、給与所得控除が受けられるメリットがあります。給与所得控除は、給与所得者に認められている、必要経費に相当するもので、収入に応じて一定額を所得から差し引くことができます。

　例えば、給与収入が500万円の場合には144万円、900万円の場合には195万円が給与所得控除として差し引けます。これは非常に大きな額です。

　給与所得控除は、実際に経費として支出したかどうかは問われませんので、その分だけ手元に残る資金が増えることになります。個人事業主では、必要経費は実際に資金支出がともなわなければ認められませんから、給与所得控除が受けられることは、かなりのメリットといっていいでしょう。

■給与所得控除額

給与等の収入金額 (給与所得の源泉徴収票の支払金額)	給与所得控除額
1,625,000円まで	550,000円
1,625,001円から1,800,000円まで	収入金額×40%－100,000円
1,800,001円から3,600,000円まで	収入金額×30%＋80,000円
3,600,001円から6,600,000円まで	収入金額×20%＋440,000円
6,600,001円から8,500,000円まで	収入金額×10%＋1,100,000円
8,500,001円以上	1,950,000円（上限）

2 家族に対する給与

　法人化すると、会社への貢献度に応じて代表者の家族に給与を支給することが可能になります。

　所得税は、所得の増加とともに税率が上がっていきます。代表者1人だけが高額な給与を得ているよりも、家族と給与を分けあったほうが1人あたりの所得が低くなるので、結果的に納税額が少なくなります。法人の利益には変わりはないので、当然、手取額が増加することになります。

　▶STEP 10-5 の「図表A」（224ページ）や、▶STEP 10-2 の「所得税の税率」も参考にしてください。

　法人税制では役員に支給する給与について、①定期同額給与、②事前確定届出給与、③利益連動給与に限定して損金算入を認めています。したがって、①～③の要件を満たさない給与は損金として算入できません。

　例えば、毎月定額の給与を支給せず、事業年度の途中で給与を増減したり、②の届出をせずに賞与の支給をしたりすると、役員報酬の一部しか損金算入できなくなります。

　役員への給与は厳密な取り扱いが要求されますので注意が必要です。

法人の種類と特徴

POINT ▶ 法人には、株式会社、合同会社、一般社団法人などの種類があります。自分のビジネスにはどの形態がいいのか、よく考えてから設立しましょう。

☑チェック
- □法人には、いくつかの種類がある
- □最も一般的である株式会社の特徴をしっかりおさえる

1 株式会社の基本的なしくみ

法人として最も一般的なのが株式会社です。

株式会社は、以前は最低でも1,000万円の資本金を集めないと設立できませんでしたが、現在は「資本金1円」から設立することができます。

資本金は、ひと株あたりの価格を決め、誰が、何株持つのか（出資するのか）を決めて、それを定款に記載します。

株式を所有する人たちを株主といい、株式会社では最高の意思決定機関が、株主たちが集まる株主総会です。重要議案はこの株主総会で決定されますので、誰が株主になるのかということが、とても重要です。

また、一般議案は取締役会で決められます。誰を取締役にするのかを決める前に、取締役の持つ権限を確認することが欠かせません。

2 誰を株主にすればいいか

法人成りして株式会社を設立するときの一番のポイントは、誰が株主になるのか（誰がいくら出資するのか）、資本金をいくらにするのか、の2点です。

自分が代表取締役になるのであれば、必ず半数以上、できれば3分の2以上の株数を持つようにしてください。株主総会や取締役会で多数決になった場合に、株数の3分の2を持っていれば決定権を持っていることになりますので、万が一のことが起きても、解任されるようなことにはなり

ません。

　代表取締役になるからには、背負う責任と同じだけの決定権を持つ（3分の2以上の株数を持つ）ということです。

　個人事業主から法人成りをする場合には、「株主は自分だけ（100％の株数を保有）」か、「株主は自分（3分の2以上の株数）と他人（残りの株数）」でスタートすることをお勧めします。

3　資本金の考え方

　資本金については、「資本金1円で設立できる」からといって、本当に1円で会社を起こすことはお勧めしません。

　法人成りのメリットのうち、法人が受けられる税務的なメリットが優先されることがありますが、事業を大きくしていくためには、金融機関との付き合いが不可欠です。

　融資を受ける際、最も嫌われるのが「赤字」です。赤字の会社に通常、金融機関は融資をしません。黒字の会社に融資を行うのが基本です。

　仮に「資本金1円」で会社を設立すると、いきなり債務超過（さいむちょうか）になってしまいます。資本金1円でも、株式会社を設立するには定款の認証費用として約5万円、申請書に貼る登記印紙が15万円で、最低でも20万円の費用がかかります。

　これらの費用は設立後に「開業費（かいぎょうひ）」として経費にすることができるのですが、資本金20万円以下で設立して開業費を経費とした瞬間に債務超過になってしまいます。ですから、少なくとも20万円以上の資本金でスタートするようにしましょう。

　一方で、多く用意できる場合には、資本金をどれくらいの金額にすればいいのかというと、1,000万円未満におさめたほうがメリットがあります。

　資本金1,000万円未満の会社は、適格請求書発行事業者になる選択をしなければ、基本的に設立後の2年間は消費税の免税事業者になれます。

STEP
10

資本金が1,000万円未満の会社でも、その間の売上によっては課税事業者になってしまうのですが（ ▶STEP 10-1 を参照）、資本金1,000万円以上の会社は、売上に関係なく、1年目から消費税の課税事業者として消費税を納めなければいけません。

仮に2,000万円の貯蓄があり、それを元手に法人成りをするのであれば、資本金2,000万円でスタートするのではなく、例えば資本金が500万円、残りの1,500万円は長期借入金として会社に貸し付けた状態でスタートなどとするのがよいでしょう。

4 　決算月の決め方

個人事業主は、いつ開業しても、その年は12月末までの事業期間になり、翌年の3月15日までに確定申告を行います。

法人の場合は、自分で決算月（けっさんづき）を決めて、毎年決算を行います。

決算月を12月にすれば、設立したその日から、12月末までが初年度になります。翌期（第2期）以降は、1月1日から12月31日までの1年間ごとに決算を行って、申告していくことになります。

特定の月を決算月にしなければいけないという縛りがないのであれば、初年度は登記する月の前月末を決算月（7月中に登記するのであれば、6月決算）にするとよいでしょう。

法人の決算は、個人事業の確定申告と比較して明らかにやることが多くなります。初年度はできるだけ長くなるように決算月を決めてください。

5 　合同会社（LLC）とは

最近よく見かけるようになっている法人形態が、合同会社（ごうどうがいしゃ）です。

以前は、資本金1,000万円以上で設立できる株式会社と、資本金300万円以上で設立できる有限会社という形態が主なものでした。

平成18年の会社法施行にともない、有限会社の新設が廃止され、代わ

りに合同会社という形態の法人を設立できるようになりました。

　合同会社の主な特徴としては、以下のような点があります。

❶ 設立時の費用を株式会社よりも安くできる（定款の認証費用が不要。
　登録免許税＝登記申請書に貼る印紙代が安い）
❷ 株式会社と同様に、有限責任
❸ 利益や権限の配分割合を出資額とは無関係に設定できる（株式会社
　は、権限が出資比率に準じる）
❹ あとから株式会社に変更することも可能

　合同会社は、個人事業主から法人成りするケースでは、特にスモールビ
ジネスで事業を運営していく場合に利用されるケースが多いようです。

　また、小規模でスタートして、売上に応じて規模を拡大していく場合に、
最初は合同会社で法人成りし、事業が軌道に乗ったら株式会社に変更する、
という使われ方をされるケースもあるようです。いずれにしても法人です
ので、株式会社と同様に決算が行われます。

　どのような形態でスタートするかは、ご自身のビジネスモデルと将来的
な展望などから選択するようにしましょう。

STEP
10

合同会社（LLC）
設立＆運営 完全ガイド

横須賀輝尚　佐藤良基・著
1848円・技術評論社

法人化をどのように判断すればいいか?

POINT 個人から法人へと事業を拡大する場合、税金面でのメリットが一番のポイントになると思いますが、それがすべてではありません。社会的責任を負う法人設立について、いくつか注意点を確認しておきましょう。

チェック
- □所得が500万円前後か。また、家族に給与を支払うことが可能か
- □自分の事業の将来的なビジョンは明確か

1 個人事業と法人の税負担のシミュレーション

前提条件として、個人事業・法人ともに、健康保険、国民年金、扶養控除などの「所得控除金額」が210万円であるというケースを設定して考えてみましょう。

個人事業と法人では、同額の所得であっても、税率が異なるために負担すべき税額に差が出ます。▶225ページの「図表B」で、個人事業と法人を比較して税額についてまとめているので確認してください。

「図表B」では、所得金額が400万円の場合に、個人事業と法人でほぼ同じ税額となっています。その後、それを境に法人のほうが税額が低くなっていきます。

特殊な事情がない限り、たいていの場合は、所得金額が約500万円前後というところで、税負担は法人<個人に転じると考えてよいでしょう。

「図表B」を参考に、個人・法人の選択の際に最も問題となる税負担についてよく検討してください。なお、細部に不明な点が出てきたら、税理士などの専門家に相談することをお勧めします。

2 法人成りは総合的な見地から判断する

よく、「法人にしたほうが（税金が）得か？　このまま個人事業のほうが得か？」という質問を受けますが、法人化するかどうかを「税金の損得」だけで考えることはお勧めしません。

　法人は、「事業を行うための組織体で、法律で権利能力を認められたもの」といったような定義がされています。つまり、事業を行うためのものであって、納税うんぬんのためのものではないのです。この点を忘れないようにしてください。

　そして法人を経営することは、たとえ1人社長であったとしても、「経営力」を身につけることにつながります。会計ソフトを使った複式簿記で経営することで、経営に必要な財務力を身につけるチャンスが得られるのです。

　法人である以上、たとえ売上が「ゼロ」であっても決算を行い、法人住民税の均等割分の税金を支払わなければなりません（ ▶STEP 10-1 を参照）。その決算書類は、個人事業主の確定申告書のように、会計ソフトを使えば誰にでも作成できるものではありませんので、税理士などへの報酬がコストとして発生します。おおよそですが、法人化するだけで、毎年20〜30万円くらいの費用が発生します。

　個人事業主としての「課税所得金額」が500万円を超えるならば、法人化して会社として事業に取り組むことを考える、というのは、ひとつの目安に過ぎません。

　大切なことは節税ではなく、事業です。事業を継続させること、あるいは事業を拡大すること。将来のビジョンを持っているならば、税のメリットなどに関係なく、早い時期から法人化を選択していくべきかもしれません。

STEP
10

■図表A 法人で家族に給与を支払った場合のシミュレーション

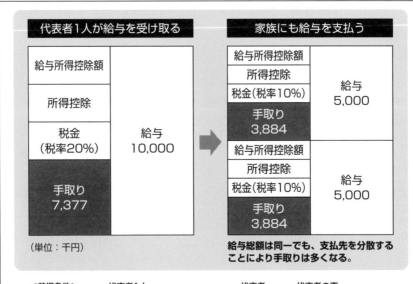

	代表者1人		代表者	代表者の妻	計
給与	10,000,000		5,000,000	5,000,000	10,000,000
給与所得控除後の金額	8,050,000		3,560,000	3,560,000	7,120,000
社会保険料控除	1,261,428		737,016	737,016	1,474,032
扶養控除	380,000		0	0	0
基礎控除	480,000		480,000	480,000	960,000
課税所得	5,928,000		2,342,000	2,342,000	4,684,000
所得税	758,100		139,500	139,500	279,000
住民税	602,800		239,200	239,200	478,400
手取額	**7,377,672**		3,884,284	3,884,284	**7,768,568**

代表者1人が給与を受け取る場合と、家族にも給与を支払う場合の手取りの差額は、390,896円（7,768,568円−7,377,672円）になる。
所得控除は社会保険料控除、扶養控除、基礎控除のみとし、生命保険料控除、医療費控除等は考慮しないものとする。

■図表B　個人事業と法人の税額シミュレーション

＜前提条件＞
・同一事業であるから所得金額は同額とする。
・所得金額は、いずれも「売上－原価－経費」で計算し、個人事業において専従者給与等は考慮していない。
・役員報酬は所得金額と同額を設定することにより、法人の利益は常にゼロとする。
・役員報酬にかかる所得税、住民税が、法人成り後において発生する税金となる。
・法人としての税金は均等割の7万円のみとする。
・住民税の課税標準は簡便的に所得税と同一とする。
・復興特別所得税の影響は考慮していない。

個人事業

単位：万円

所得金額		青色申告特別控除	所得控除額	課税金額	所得税	住民税	事業税	税額計
200		65	210	0	0	0	0	0
300		65	210	25	1	2	0	3
400		65	210	125	6	12	0	18
500		65	210	225	12	22	0	34
700		65	210	425	42	42	6	90
1,000		65	210	725	103	72	21	196
1,200		65	210	925	151	92	31	274
1,600		65	210	1,325	283	132	51	466

法人

単位：万円

所得金額	役員報酬	法人利益	給与所得控除後の金額	所得控除額	課税金額	所得税	住民税	法人住民税	税額計
200	200	0	132	210	0	0	0	7	7
300	300	0	202	210	0	0	0	7	7
400	400	0	276	210	66	3	6	7	16
500	500	0	356	210	146	7	15	7	29
700	700	0	520	210	310	21	31	7	59
1,000	1,000	0	805	210	595	76	59	7	142
1,200	1,200	0	1,005	210	795	119	79	7	205
1,600	1,600	0	1,405	210	1,195	240	119	7	366

逆転

STEP
10

結果
適用する税率の影響により、同一の所得であったとしても個人と法人では負担すべき税額が異なる。所得金額が400万円～500万円のあたりから法人の負担する税額が低くなる結果となる。

事業税とは

　個人事業主やフリーランサーとして事業収入を得るようになり、その事業収入が「ある特定の事業」に該当する場合には、所得税以外に「事業税」という税金が課せられます。

　ある特定の事業とは、大きく3つに分類されていて、その分類ごとに税率が異なります。

区分	税率	業種
第1種事業 （37業種）	5%	物品販売業、運送取扱業、料理店業、遊覧所業、保険業、船舶定係場業、飲食店業、商品取引業、金銭貸付業、倉庫業、周旋業、不動産売買業、物品貸付業、駐車場業、代理業、広告業、不動産貸付業、請負業、仲立業、興信所業、製造業、印刷業、問屋業、案内業、電気供給業、出版業、両替業、冠婚葬祭業、土石採取業、写真業、公衆浴場業（むし風呂等）、電気通信事業、席貸業、演劇興行業、運送業、旅館業、遊技場業
第2種事業 （3業種）	4%	畜産業、水産業、薪炭製造業
第3種事業 （30業種）	5%	医業、公証人業、設計監督者業、公衆浴場業（銭湯）、歯科医業、弁理士業、不動産鑑定業、歯科衛生士業、薬剤師業、税理士業、デザイン業、歯科技工士業、獣医業、公認会計士業、諸芸師匠業、測量士業、弁護士業、計理士業、理容業、土地家屋調査士業、司法書士業、社会保険労務士業、美容業、海事代理士業、行政書士業、コンサルタント業、クリーニング業、印刷製版業
	3%	あんま・マッサージ又は指圧・はり・きゅう・柔道整復、その他の医業に類する事業、装蹄師業

　事業税は所得税のような「国税」ではなく、住民税と同じ「地方税」になりますので、上記の業種に該当する個人事業主やフリーランサーが確定申告をすると、住民税と同じように、自治体から連絡が来ます。

　事業税は、個人事業主やフリーランサー全員が該当するわけではありません。また、たとえ該当する場合であっても、事業所得の合計が290万円以下の場合には課税されません（ ▶STEP 10-2 を参照）。

確定申告用
勘定科目

必要経費の主な科目

　青色申告決算書の必要経費の欄には、あらかじめ科目（勘定科目）が印刷されています（▶STEP 7-2 を参照）。この「勘定科目」を使うと帳簿作成の仕訳がしやすくなるというメリットがありますが、「この出費は絶対に『○○費』でなければいけない」という決まりはありません。

　重要なのは「取引の性格を適正に表す勘定科目」を用いて、「それを継続して使用する」ことです。独自の統一ルールを作り、そのルールに従って仕訳や申告を行います。

→ 売上原価（うりあげげんか）

　商品の販売、サービスの提供といった営業活動で利益を獲得するために使われる費用です。一般の小売業では、販売商品の仕入費用をいいます。

　期首（1月1日）以降に仕入れた商品が期末（12月31日）までに完売していれば、仕入金額すべてが売上原価になるので計算は簡単なのですが、実際には仕入れた商品の一部は売れ残ってしまいます。そこで期末に売れ残った在庫分を差し引いて、売上原価を計算することになります。この場合、棚卸表を作成します。確定申告時には棚卸高で記入するので、在庫の数量に仕入単価を掛けて求めます。

→ 租税公課（そぜいこうか）

　税金や公に課せられる費用のことです。「租税」は税金のことで、「公課」は追徴金や罰金など、税金以外の公的な金銭負担を指します。租税になるのは事業税、固定資産税、印紙税、自動車税、不動産取得税などの税金です。

　一方、公課として税金以外の公的な金銭負担に含まれるものには、商工会議所・同業者組合・商店などの会費や組合費、賦課金などがあります。

　租税公課の注意点は、必要経費になる税金とならない税金があることです。必要経費となるものには、個人事業税、事業所税、不動産取得税、固定資産税、登録免許税、印紙税、自動車税、自動車重量税、税込処理をしている場合の消費税、利子税などが

あります。所得税、相続税、住民税（都道府県民税、市町村民税）、国税の延滞金や加算金、交通違反の罰金などは、必要経費として認められません。これらの仕訳は、「事業主貸」で処理しましょう（▶237ページを参照）。

→ **荷造運賃** （にづくりうんちん）

　商品の物流にかかわる経費です。荷造運賃として認められるのは、宅急便やバイク便、運送料、小包料金、航空便、船舶などの料金や運賃です。商品を送る際に必要となる梱包関係の出費も荷造運賃になります。具体的には、商品が割れないように商品を包み込むためのエアパッキン、商品を入れるダンボール、ダンボールなどに封をするときに使うガムテープといった梱包材料の購入費です。

　荷造運賃が年間で数千円で済んでしまうような職種の場合、荷造運賃としないで「通信費」に入れてしまっても問題ありません。

→ **水道光熱費** （すいどうこうねつひ）

　水道、電気、ガス、灯油といった出費は、水道光熱費として経費になります。

　ここで問題になるのは、自宅兼事務所や自宅兼店舗といった、プライベートの出費と事業用の出費が一緒になっている場合です。このような場合では、プライベートの出費と事業用の出費を按分して、事業用の出費の部分だけを必要経費とします。ただし最近の税務署の見解では、水道光熱費のうち水道代とガス代は経費として認めないことが多くなり、電気代の按分のみ認めることが多くなっています（▶STEP 4-6 を参照）。

→ **旅費交通費** （りょひこうつうひ）

　仕事のために利用した電車代、バス代、出張のときに支払った費用を経費として申告するための科目です。

　具体的には、電車代、航空運賃、有料道路通行料、駐車場代、タクシー代、バス代、SuicaなどのICカード乗車券購入費といった移動のために要した費用のほかにも、出張のための宿泊費まで含めることができます。移動や出張にかかわる出費には、旅費交通費を使います。

なお、法人の場合は従業員の通勤定期代を「福利厚生費」として処理することもありますが、個人事業主やフリーランサーが自分で使う定期代は、旅費交通費で経費にします。

→ 通信費 (つうしんひ)

業務上の通信のために使う出費を申告するときの科目です。具体的には、固定電話代、携帯電話代、切手代、専用線利用料、ハガキ代、封筒代、プロバイダー料金などが該当します。

最近は、オンラインサロンなどインターネットの会員制サイトから情報を得ることもあります。このようなサイトに支払う情報利用料なども、インターネットで入手した情報として通信費にしてもよいのですが、これらの利用料を含めてしまうと、一般的に考えられる通信費よりも高額になってしまいます。情報収集のための支出であれば「新聞図書費」として仕訳をするようにしましょう（▶235ページを参照）。

→ 広告宣伝費 (こうこくせんでんひ)

不特定多数の人に対して商品や会社のイメージそのものを売り込むために要した出費を経費として申告するための科目です。広告宣伝費には、単純に売上増加を目的とするものだけに限らず、求人目的のものやイメージアップを図るものなども含まれます。名刺代や年賀状、暑中見舞いなども広告宣伝費です。

なお、広告宣伝費として認められるものは、新聞や雑誌、テレビといったマスコミ媒体によるものだけではありません。インターネット広告、看板や広告塔といった物体によるもの、カタログやPR映像の制作といったものも含まれます。もちろん、広告代理店への支払いも広告宣伝費として経費にできます。

→ 接待交際費 (せったいこうさいひ)

営業上必要な接待や交際のときに使った出費を経費として申告するための科目です。具体的には、接待に際しての飲食代や贈答品代、遊興費などです。

仕事の協力者にお礼をする場合も接待交際費として経費にできるだけでなく、得意先への手土産や会員制パーティーの会費、祝電代なども接待交際費に含まれます。た

だし、業務に関連して得意先を接待する場合の費用なので、個人的な費用を含めることはできません。

接待交際費に関して、個人事業主には税法上、上限や一部除外などの規定がありません。かといって、なんでも交際費にすればいいというものではありません。あくまでも営業活動上、必要な費用だけが認められることを忘れないようにしましょう。

→ 損害保険料 （そんがいほけんりょう）

棚卸資産（商品）や事務所、店舗、工場、倉庫、機械などの事業用資産に対してかけた火災保険や、自動車保険（車両保険、自賠責保険）といった掛け捨ての損害保険料を経費として申告するための科目です。

損害保険料で注意したいのは、掛け捨てではなく「貯蓄性のある保険」に加入している場合です。貯蓄性のある保険とは、保険期間満了後に満期返戻金がある保険のことです。このような保険の場合には、経費にできる部分と資産として扱わなければいけない部分（積立保険料に相当する部分）とに分けて申告する必要があります。損害保険は基本的に必要経費にできますが、積立保険料に相当する部分は資産扱いとなるため、必要経費にできません。

→ 修繕費 （しゅうぜんひ）

有形固定資産の機能を維持させるための出費や、原状回復のための補修の出費を経費とするための科目です。具体的には、壁の塗り替え、屋根の修理、建物の移築、機械の移設、地盤沈下対策の土盛、定期保守点検などが含まれます。

有形固定資産とは、固定資産の中でも具体的に形を持っている「土地」や「建物」「車（車両運搬具）」などです。

固定資産には有形固定資産のほかに、「無形固定資産」というものもあります。無形固定資産とは形のない固定資産のことで、法的権利を示す「特許権」や「商標権」などが該当します。

→ 消耗品費 （しょうもうひんひ）

使っていると消耗してしまう工具備品や、使うことでなくなっていく事務用品など

の購入費用を経費とするための科目です。通常は、耐用年数が1年未満のもの、あるいは取得価額が10万円未満のものを消耗品費とします。10万円を超えるものは「資産」として、減価償却の対象になります（ ▶STEP 4-4 を参照）。

どの範囲で取得価額10万円未満かどうかを判断するかというと、1個、1組、1セットなどと利用単位ごとに調べるのが一般的です。

年内に全額経費として組み込めるので便利な科目ですが、あまりにも消耗品費の額が大きくなってしまうようならば、ボールペンやクリアファイルといったオフィス用品には、「事務用品費」という科目を作ることをお勧めします。

→ 減価償却費 （げんかしょうきゃくひ）

高額な機械や備品、車などの固定資産は、減価償却という方法で数年にわたって経費にします。こうした高額な備品は、減価償却資産と呼ばれて、時間が経つうちに老朽化して経済価値が減少（減価）していきます。そのため、毎年の決算時に減価した分を必要経費として申告します。これが減価償却費になります。

減価償却資産となるかどうかの基準は、その資産を取得したときの価格になります。10万円以上のものは資産となって、耐用年数に応じた減価償却をします。

10万円未満の資産を取得したときには、「消耗品費」として、全額をその年の経費にすることができます。

→ 福利厚生費 （ふくりこうせいひ）

従業員の福利厚生のために支出する費用です。従業員の医務衛生、保険、慰労などを個人事業主が負担した費用があたります。

具体的には、社宅、寮費、食堂費用、健康診断費用、社内旅行、忘年会費用、各種慶弔費、社員表彰制度などで使った費用です。そのほか一定の住宅家賃補助費、社員貸付制度、利子補給制度などが該当することもあります。また、記念日に社員に配られるような記念品なども福利厚生費に含まれます。

→ 給料賃金 （きゅうりょうちんぎん）

従業員に支給する給料、賃金、退職金、食費や被服などの現物給与を経費として申

告するときの科目です。毎月支払う給料だけでなく、通勤手当などの給料手当、賞与、退職金もこの科目に含まれます。また、アルバイトやパートタイマーに支払った給料も、給料賃金として全額必要経費になります。

　通勤のための通勤手当は、全額経費になります。給料賃金としても、旅費交通費としてもかまいません。注意点は、年によって変えないことです。「今年は給料賃金、来年は旅費交通費」のように使い分けることは避けましょう。

→ 外注工賃（がいちゅうこうちん）

　営業、事務処理、管理業務などを委託している外注先への支払いを経費として申告する科目です。

　修理加工などで外部に注文して支払った場合の「加工賃」や、建設業などを営んでいる個人事業主が支払う「外注費」も含まれます。例えば現場作業で人手不足だった場合、数日間だけ派遣会社から人材を派遣してもらった場合などは外注工賃です。

　給料賃金と外注工賃の違いは、「雇用している＝給料賃金」、「雇用していない＝外注工賃」となります。どちらに該当するのかを慎重に判断してください。

→ 利子割引料（りしわりびきりょう）

　個人事業主が事業資金として借入をしたときに、元金の返済以外に支払う利子を経費とするときに使います。

　例えば、店舗や事務所として使用するために建物を購入したり、リフォームしたりするために借入をした場合、借入金の額面を返済するだけではなく、必ずそれに付随するローンの利子も支払います。その利子は経費として認められるので、この利子割引料として申告します。

　具体例としては、事業資金を借り入れたときの利子のほか、土地や建物の購入、建物の改築のための借入金に対する支払利子、受取手形の割引料などが含まれます。

→ 地代家賃（ちだいやちん）

　事業用のために借りた事務所、工場、倉庫といったものの家賃や、月極駐車場の料金や土地の使用料などを経費として申告するための科目です。

具体的には、事務所の家賃、月極駐車場の使用料、倉庫の賃借料、工場用地の賃借料、借地料などが含まれます。

　パソコンやコピー機などのリース料は、地代家賃とせずに、「リース料」として新しく科目を作成してまとめるようにします。

　地代家賃も水道光熱費や通信費と同じく、「家事関連費の按分」が関係してきます。自宅をオフィスや店舗と兼ねている場合、オフィスや店舗として使用する部分の専用面積と使用頻度の割合が按分の目安です（▶STEP 4-6 を参照）。

→ 貸倒金 （かしだおれきん）

　取引先が倒産してしまい、売掛金や受取手形、貸付金、未収入金などが回収不能になったときに必要経費として申告するための科目です。

　貸倒金は、単に相手が債権を払ってくれないというだけでは認められません。条件が具体的に定められています。例えば、取引先が会社更生法や破産法などの法的手続きに入ったあとや、債務者の資産状況から支払能力がなく明らかに債権が回収できない場合などに限られています。

→ 雑費 （ざっぴ）

　どの科目にもあてはまらない出費や重要性の低い少額の出費などを処理するときに使う科目です。具体的には、事務所の引っ越し費用、廃棄物処理費用、採用関係に要した費用などです。

　ポイントは、できるだけ雑費を使わずに、他の科目に振り分けることです。雑費ばかりを使うと、実際に何のために使った出費なのかがわからなくなってしまいます。

　また、経費の合計額に比べてあまりにも雑費の額が大きいと、税務調査が入る可能性が高くなります。雑費で処理する金額があまり大きくならないように、発生頻度の高いものや年間の支出額が多いものについては、新しく科目を作って区分しましょう。

→ 打合会議費 （うちあわせかいぎひ）

　接待交際費とは別に、打ち合わせで使った喫茶代や昼食代などを経費とするときに設ける勘定科目です。「会議費」としても問題ありません。

打ち合わせの場所は、自分のオフィスでもオフィス外でも、どちらでもかまいません。喫茶店で仕事の打ち合わせを行ったり、昼食を食べながら打ち合わせをした場合は、打合会議費で処理します。

　仕事に関する打ち合わせや会議のときに使う支出は、接待交際費から独立させることをお勧めします。個人事業主やフリーランサーは、接待交際費はすべて必要経費として認められますが、使った支出を経営判断の指標とするため、接待交際費から独立させるとよいでしょう。プライベートでの飲食代は当然、必要経費にはならないので注意してください。

→ 新聞図書費 （しんぶんとしょひ）

　業務上必要な情報収集のために購入する新聞、書籍、雑誌などの費用を経費として申告するための科目です。具体的には、新聞、業界紙、専門誌、書籍や雑誌（定期購読も含む）、地図などを購入したときの費用が該当します。

　インターネットからの情報収集で、オンラインサロンの会員になっていたり、有料のメールマガジンを購読している場合には、新聞図書費でも「諸会費」でも、どちらでも経費にできます。

　金額が少なく、あえて新聞図書費の科目を設けるほどでもない場合には「雑費」としてもかまいませんが、できるだけ科目を作って申告するようにしましょう。

→ リース料

　リース契約に従って支払う賃借料を経費とするときの科目です。リース契約とは、賃貸借期間（リース期間）の定めがあり、リース期間中の契約解除が禁止されている（中途解約時にリース料の残額相当のペナルティを支払う内容の場合を含む）契約をいいます。原則は、売買処理（リース期間で均等償却を行う方法）ですが、経理処理が難しいため、賃貸借処理（リース料として支払いの都度、経費処理する方法）が認められています。

　リース料の具体例は、複合機のリース料、業務上使用した車両のリース料、機械のリース料などです。なお、レンタル契約で借りているものは「賃借料」で経費にする必要があるので気をつけましょう。

→ 支払手数料 (しはらいてすうりょう)

　銀行の振込手数料や、売買契約の仲介者に対して支払う手数料などを処理する科目です。具体的には、銀行の振込手数料、売買契約の仲介者に対して支払う手数料、証明書の交付に対して支払う手数料、ATMの時間外手数料、クレジット会社に支払う代金回収手数料、送金手数料、不動産などの仲介手数料などが該当します。

　支払手数料に、税理士などの専門家に支払う顧問料を含めてしまうこともありますが、社員として常時雇用しているスタッフがいる個人事業主の場合は源泉徴収をして支払う必要があるので、最初から「支払手数料」と「支払報酬」は分けておくことをお勧めします。

→ 支払報酬 (しはらいほうしゅう)

　弁護士、税理士、イラストレーターなどの専門家に対する報酬を経費として申告する科目です。支払報酬として経費にできるものは、弁護士への報酬、税理士への報酬、司法書士への報酬、社会保険労務士への報酬、イラストレーターへの報酬などがあります。「外注工賃」が外部の一般的な業務に対する費用であるのに対して、支払報酬は専門的な業務に対する費用とすることが大きな違いです。

　スタッフを雇い入れて給与を支払っている個人事業主が専門家に支払う報酬は、源泉徴収の対象になります。請求された報酬から源泉徴収額（大半は10.21％）を差し引いて専門家に支払い、差し引いた分を源泉徴収税額として納付することになります。差し引いた分は、「預り金」として記帳しておきましょう。

→ 車両関係費 (しゃりょうかんけいひ)

　業務用の専用車両を使っている場合に、それに関係する出費をまとめるときに使う科目です。

　明らかにプライベートでは使わない事業専用の車両の場合や、電車代やバス代といった通常の旅費交通費と分けて経費を把握したいときなどには、車両に関係する経費は車両関係費として新しく科目を作ってまとめてしまいましょう。

　その際は、それまで「旅費交通費」にしていた、車両を運行するためのガソリン代や有料道路の費用、さらに車検代や出先で利用した駐車場代なども、この車両関係費

にまとめてしまってもかまいません。

→ 諸会費 (しょかいひ)

事業主が加入しているさまざまな団体に支払う会費です。例えば、業界団体会費、商工会議所会費、法人会会費、町会費、自治会費などがこの科目に該当します。ただし、法人が支払うロータリークラブ、ライオンズクラブ、そのほか社交団体の会費は、税法上は「接待交際費」にする必要があるので注意してください。

→ 研修費 (けんしゅうひ)

収入を得るために必要なスキルを身につけることを目的に参加したセミナーの受講料やテキスト代、通信教育の費用を経費として申告するための科目です。スタッフのために支払った費用も含めることができますが、その場合は「福利厚生費」にしてもかまいません。講師を呼んでセミナーや勉強会を開いたときなどは、講師への謝礼や会場使用料なども研修費に含まれます。

ただし、業務の遂行に直接必要とされない資格を取るための費用は、あくまでも個人的な支出とみなされてしまうので、経費にすることはできません。

→ 事業主貸 (じぎょうぬしかし)

事業用の資金を私的な支出として使用したときの仕訳で使用する勘定科目です。その言葉通り、事業用の資金が「事業主への貸し付け」として支出されたことを示します。

→ 事業主借 (じぎょうぬしかり)

個人事業主のプライベートな資金を、事業のために使ったときに用いる勘定科目です。「事業主からの借り入れ」です。事業で使っている銀行預金に利息、配当がついた場合や、固定資産を売却して資金が増加した場合なども、この事業主借を用いて仕訳をします。これらの収入は事業所得にはあたらず、利子所得や譲渡所得に該当するためです。

勘定科目と控除の早見表

【あ】	
アウトソーシング費用（販売促進業務）	外注工賃
アパートの家賃収入	不動産所得
アフィリエイト費用	広告宣伝費
アルバイト代（アルバイトに支払う）	給料賃金
【い】	
慰安旅行の費用（事業主だけの旅行は除外）	福利厚生費
ETFの収益の分配を受けた	配当所得
家の購入、新築、増改築をしてローンが残っている	住宅ローン控除
維持管理費用（固定資産の）	修繕費
イスの購入費	消耗品費（事務用品費）
一時駐車場料金	旅費交通費
医療費を10万円以上支払った	医療費控除
インクの購入費（スタンプなど）	消耗品費（事務用品費）
印紙税（印紙代）	租税公課
飲食代（会議や打ち合わせ）	打合会議費
飲食代（取引先などの接待）	接待交際費
インターネット広告料	広告宣伝費
インターネット接続料金	通信費
【う】	
請け負った仕事の代金を請求した（まだ受け取っていない）	売掛金
売掛金が回収不能になった	貸倒金
【え】	
エアコンの購入費	消耗品費（事務用品費）
営業車の購入費（取得価額が30万円以上）	減価償却費
営業車用の駐車場賃借料	地代家賃
液晶テレビの購入費	消耗品費（事務用品費）
SDカードの購入費	消耗品費（事務用品費）
エンジンオイル代	車両関係費

【お】

OA機器のリース料	リース料
OA機器保守（メンテナンス）料	修繕費
オーディオ（事務所や店舗でのみ使用）の購入費	福利厚生費
お菓子代（社内用）	福利厚生費
お歳暮の費用	接待交際費
お茶代（社内用）	福利厚生費
お中元の費用	接待交際費
オフィスの家賃を支払った	地代家賃
お見舞金（従業員への）	福利厚生費
お土産代（取引先）	接待交際費
オンラインサロンの会費（月額会費）	新聞図書費（諸会費）
オンライン診療の手数料	医療費控除

【か】

カーナビゲーションの購入費	車両関係費
カーペット代	消耗品費（事務用品費）
カーメンテナンス費用（洗車、清掃）	車両関係費
会議（打ち合わせ）の資料代	打合会議費
開業資金を準備した	元入金
介護医療保険料を支払った	生命保険料控除
外国株などの売買時に所得税が源泉されている	外国税額控除
介護保険の保険料（同一生計の親族負担分）	社会保険料控除
会社を退職して、源泉徴収されたまま	源泉徴収税額
会場使用料（会議や打ち合わせ）	打合会議費
書留料金	通信費
角印（代表印・銀行印）の作成代	消耗品費（事務用品費）
確定拠出年金の個人型年金の掛金	小規模企業共済等掛金控除
火災保険料	損害保険料
加算税	事業主貸
家事消費分の減価償却費	事業主貸

あ〜お
か〜こ
さ〜そ
た〜と
な〜の
は〜ほ
ま〜も
や〜よ
ら〜ん

家事消費分の家賃を支払う	事業主貸
火事による住宅（家財）の損害	雑損控除
ガス料金（事務所や店舗でのみ使用）	水道光熱費
家族に支払う給料（青色申告者のみ）	専従者給与
ガソリン代（営業車などの）	車両関係費
カタログ（販売商品カタログなど）の制作費	広告宣伝費
寡婦（配偶者と死別・離婚などが要件）	寡婦控除
壁の塗り替え費用	修繕費
借入金の利子を支払った（事業用の借入金）	利子割引料
看護師への看護報酬	医療費控除
看板（商品や店舗の告知用で少額小型なもの）の制作費	広告宣伝費
カンファレンスの参加費	研修費
観葉植物（事務所や店舗用）の費用	雑費
【き】	
機械装置の購入費（取得価額が30万円以上）	減価償却費
切手代	通信費
記念式典の諸経費	接待交際費
寄附金（特定の団体などへの2,000円以上の寄附）	寄附金控除
求人広告代	広告宣伝費
給与や給料（従業員への）	給料賃金
教育訓練費	福利厚生費
業界団体や協同組合、組合やクラブ、工業会などの年会費	諸会費
共済契約の掛金	小規模企業共済等掛金控除
協力会の会費など	諸会費
銀行から事業用に融資を受けた	借入金
銀行口座を使って振り込むときの手数料	支払手数料
【く】	
空気清浄機の購入費	消耗品費（事務用品費）
Googleアドワーズ	広告宣伝費
薬の購入	医療費控除

あ～お
か～こ
さ～そ
た～と
な～の
は～ほ
ま～も
や～よ
ら～ん

クリーニング代（制服などの）	福利厚生費
車イスの購入費	医療費控除
クレジット会社に払う代金回収手数料	支払手数料

【け】

経営コンサルタントへの報酬	支払報酬
携帯電話の購入費	消耗品費（事務用品費）
携帯電話の通信・通話料金	通信費
慶弔見舞金、香典代（従業員への）	福利厚生費
慶弔見舞金、香典代（取引先への）	接待交際費
契約社員への給与	給料賃金
下水道料金（事務所や店舗でのみ使用）	水道光熱費
結婚している（配偶者の所得は48万円超133万円以下）	配偶者特別控除
結婚している（配偶者の所得は48万円以下）	配偶者控除
決算時に事業主貸と事業主借を相殺した差額	元入金
現金を事業資金として拠出（個人事業主が）	事業主借
健康診断費用	福利厚生費
原稿料から源泉徴収されていた	源泉徴収税額
研修会、講習会としての会場使用料金	研修費
研修会、講習会へ参加したときの日当、旅費、参加費など	研修費
原状回復（建物や部屋の内装）費用	修繕費
源泉所得税分を天引きした	預り金（貸方）
源泉所得税を支払った	預り金（借方）
現物給与（従業員への）	給料賃金

【こ】

航空貨物運賃	荷造運賃
航空郵便の料金	通信費
航空料金	旅費交通費
工具器具備品の購入費（取得価額が30万円以上）	減価償却費
広告掲載代、広告チラシ代、折り込み広告代	広告宣伝費
工作機械リース料	リース料

あ〜お
か〜こ
さ〜そ
た〜と
な〜の
は〜ほ
ま〜も
や〜よ
ら〜ん

講師への講演料・謝礼金	研修費
公衆電話使用料金	通信費
高速道路料金	旅費交通費
交通傷害保険料	損害保険料
公認会計士への報酬	支払報酬
小切手帳の購入費	消耗品費（事務用品費）
国際交流基金への寄附金	寄附金控除
国際宅配便（書類）	通信費
国民健康保険料（同一生計の親族負担分）	社会保険料控除
国民年金基金の掛金（同一生計の親族負担分）	社会保険料控除
国民年金保険料（同一生計の親族負担分）	社会保険料控除
個人型確定拠出年金加入者掛金	小規模企業共済等掛金控除
個人事業税	租税公課
個人年金の保険料	生命保険料控除
固定資産税	租税公課
固定電話の通話料金	通信費
子どもがいる（扶養している※年齢に注意）	扶養控除
コピー機の購入費（取得価額が30万円以上）	減価償却費
コピー機の修理代、定期点検代	修繕費
コピー機のリース料	リース料
コピー用紙代	消耗品費（事務用品費）
ゴミの収集料金（事業用のゴミ）	雑費
ゴム印の作成代	消耗品費（事務用品費）
ゴルフプレー代（取引先との）	接待交際費
コンテナ代	荷造運賃
コンパニオン費用	広告宣伝費
梱包材の購入費	荷造運賃
【さ】	
サークル活動補助金（従業員の）	福利厚生費
サーバー代	通信費

あ〜お
か〜こ
さ〜そ
た〜と
な〜の
は〜ほ
ま〜も
や〜よ
ら〜ん

災害探知機の購入費（取得価額が30万円以上）	減価償却費
災害によって壊れた住宅（家財）の取り壊し費用	雑損控除
債権が回収できなくなった	貸倒金
雑誌代	新聞図書費
雑誌への広告掲載料	広告宣伝費
3か月点検費用（車両）	車両関係費
30万円以上の資産を購入した	減価償却費
【し】	
資格取得のための費用（従業員の）	福利厚生費
自家消費分の減価償却費	事業主貸
自家消費分の家賃を支払う	事業主貸
事業開始資金	元入金
事業税	租税公課
事業主が立て替え払いをした	事業主借
試供品の制作費	広告宣伝費
事業用に借り入れた資金の利子を支払った	利子割引料
自社ビルの購入費（取得価額が30万円以上）	減価償却費
地震による住宅（家財）の損害	雑損控除
地震保険料を支払った	地震保険料控除
慈善事業団体への寄附金	寄附金控除
自治会費	諸会費
自転車（事業用）の購入費	消耗品費（事務用品費）
自動車税	租税公課
自動車任意保険料	損害保険料
自賠責保険料	損害保険料
司法書士への報酬	支払報酬
事務所の引っ越し費用	雑費
事務所の家賃	地代家賃
地盛り費用	修繕費
社員旅行の費用	福利厚生費

あ〜お

か〜こ

さ〜そ

た〜と

な〜の

は〜ほ

ま〜も

や〜よ

ら〜ん

社会保険料の事業主負担分	法定福利費
社会保険労務士（社労士）への報酬	支払報酬
借地料（事務所、店舗用）	地代家賃
車検費用	車両関係費
社宅の諸費用	福利厚生費
社宅の家賃	地代家賃
社内イベント（運動会など）の開催費用	福利厚生費
JAFの年会費	諸会費
社名入り商品（宣伝用）の制作費	広告宣伝費
謝礼金（講師への）	研修費
謝礼金（取引先への）	接待交際費
従業員へ支払う給与	給料賃金
住宅手当（従業員への）	給料賃金
収入印紙代	租税公課
10万円以上の医療費を支払った	医療費控除
住民税を支払う（個人の）	事業主貸
修理費用（車両）	車両関係費
宿泊費（出張）	旅費交通費
出荷業務の外部委託支払い	外注工賃
出向者への給料	給料賃金
出産祝い（従業員への）	福利厚生費
出産祝い（取引先への）	接待交際費
出産のための入院費	医療費控除
出張での航空料金	旅費交通費
出張での食事代	旅費交通費
出張日当	旅費交通費
出張旅費	旅費交通費
障害者と認定されている	障害者控除
傷害保険料	損害保険料
小規模企業共済契約	小規模企業共済等掛金控除

証券投資信託の分配を受けた	配当所得
上場企業の株式の配当金を得た	配当所得
商談会の出展料	広告宣伝費
常備医薬品の購入費	福利厚生費
商品のシール代	広告宣伝費
商品ポスターの制作費	広告宣伝費
剰余金の分配を受けた	配当所得
食事代（出張）	旅費交通費
食事代（接待）	接待交際費
食事の支給（従業員への）	福利厚生費
嘱託社員への給与	給料賃金
助産師への報酬	医療費控除
書籍代	新聞図書費
書棚を購入	消耗品費（事務用品費）
暑中見舞い	広告宣伝費
所得税を支払う（個人の）	事業主貸
所得税を予定納税している	予定納税額
歯列矯正費用（扶養している子どもに限る）	医療費控除
シロアリによる住宅の損害	雑損控除
親族へ支払う給与（青色申告者のみ）	専従者給与
新築祝い（従業員への）	福利厚生費
新築祝い（取引先への）	接待交際費
新年会、忘年会費用	福利厚生費
新聞購読料	新聞図書費
新聞への広告掲載代	広告宣伝費
新聞、放送などの報道機関への寄附金	寄附金控除
親睦旅行（会社で）	福利厚生費
親睦旅行（取引先と）	接待交際費
診療費	医療費控除

【す】

あ〜お
か〜こ
さ〜そ
た〜と
な〜の
は〜ほ
ま〜も
や〜よ
ら〜ん

Suicaの購入費	旅費交通費
Suicaへのチャージ代	旅費交通費
水槽の購入費（事務所や店舗でのみ使用）	福利厚生費
水槽のリース料（事務所や店舗でのみ使用）	リース料
水道料金（事務所や店舗でのみ使用）	水道光熱費
【せ】	
生花代（事務所や店舗の）	雑費
生活費として現金を使った	事業主貸
政党などへ政治献金をした	政党等寄附金特別控除
制服代（従業員の）	福利厚生費
生命保険料	生命保険料控除
税理士への決算書作成報酬	支払報酬
税理士への顧問料	支払報酬
セキュリティ（事務所や店舗の）に要した費用	雑費
接待としての飲食代、ゴルフプレー代、送迎のタクシー代	接待交際費
セミナーへ参加するための旅費、参加費用	研修費
セミナーを開催する会場の使用料金	研修費
餞別代（取引先への）	接待交際費
【そ】	
倉庫の賃借料	地代家賃
掃除機の購入費	消耗品費（事務用品費）
速達料金	通信費
ソフトウェアの購入費（取得価額が30万円以上）	減価償却費
損害賠償責任保険料	損害保険料
【た】	
台車の購入費	消耗品費（事務用品費）
退職金をもらった	退職所得
耐震基準を満たすための耐震改修を行った（自宅）	住宅耐震改修特別控除
台風による住宅（家財）の損害	雑損控除
タイヤの購入費	車両関係費

あ～お
か～こ
さ～そ
た～と
な～の
は～ほ
ま～も
や～よ
ら～ん

ダイレクトメールの制作&配布費用	広告宣伝費
タオルの制作費（社名入り）	広告宣伝費
タクシー代（仕事の移動）	旅費交通費
タクシー代（出産のための入退院時）	医療費控除
タクシー代（接待時の）	接待交際費
立て替え払い（事業資金の）	事業主貸
建物共済保険料	損害保険料
ダンボールの購入費（事務処理で使用）	消耗品費（事務用品費）
ダンボールの購入費（商品発送用）	荷造運賃
【ち】	
地図の購入費	新聞図書費
地代を支払った	地代家賃
父へ支払う給与（青色申告者のみ）	専従者給与
地方公共団体に寄附をした	寄附金控除
仲介手数料	支払手数料
駐車場賃借料（営業車用）	地代家賃
帳票用紙の購入費	消耗品費（事務用品費）
治療費	医療費控除
賃貸家賃	地代家賃
【つ】	
通勤交通費	旅費交通費
通勤手当（従業員への）	給料賃金
月極の駐車場料金	地代家賃
妻へ支払う給与（青色申告者のみ）	専従者給与
【て】	
定期刊行物の購読料（定期購読料）	新聞図書費
定期券代（電車やバスなど）	旅費交通費
定期点検費用（設備など）	修繕費
ティッシュペーパーの購入費	消耗品費（事務用品費）
DVD-Rの購入費	消耗品費（事務用品費）

あ〜お
か〜こ
さ〜そ
た〜と
な〜の
は〜ほ
ま〜も
や〜よ
ら〜ん

DVDソフトの購入費	新聞図書費
定例会費	諸会費
テープの購入費（荷造り以外での使用）	消耗品費（事務用品費）
テープの購入費（荷造り用）	荷造運賃
テーブルクロスの購入費	消耗品費（事務用品費）
手形帳の購入費	消耗品費（事務用品費）
手形を期日前に現金化し、割引料を支払った	利子割引料
デザイナーに報酬を支払った	支払報酬
デジタルカメラの購入費	消耗品費（事務用品費）
デジタルカメラの修理費用	修繕費
デジタルビデオカメラの購入費	消耗品費（事務用品費）
デジタルビデオカメラの修理費用	修繕費
デジタルビデオレコーダの購入費	消耗品費（事務用品費）
手帳（社名入り）の制作費	広告宣伝費
テレビ広告（CM）放送料	広告宣伝費
テレビ（受像機）の購入費	消耗品費（事務用品費）
テレビの受信料（事務所や店舗用）	雑費
電気スタンドの購入費	消耗品費（事務用品費）
電気設備（取得価額が30万円以上）	減価償却費
電球の購入費	消耗品費（事務用品費）
電気料金	水道光熱費
点検整備費	修繕費
展示会開催の費用	広告宣伝費
展示会などの出展料	広告宣伝費
展示会などの入場料	研修費
展示会への出展費用（ブース制作など）	広告宣伝費
電車賃（仕事の移動）	旅費交通費
電車賃（通院のための）	医療費控除
電車内やバス車内への広告（中吊り広告）費用	広告宣伝費
電池の購入費	消耗品費（事務用品費）

あ〜お
か〜こ
さ〜そ
た〜と
な〜の
は〜ほ
ま〜も
や〜よ
ら〜ん

電灯・看板などの電気料金	水道光熱費
電報料金	通信費
店舗の釣り銭として個人の現金を補充	事業主借
店舗の家賃	地代家賃
店名入りうちわの制作費	広告宣伝費
店名入りタオルの制作費	広告宣伝費
店名入り手帳の制作費	広告宣伝費
店名入りライター（マッチ）の制作費	広告宣伝費
電話移設工事費	修繕費
電話機の購入費（固定電話）	通信費
電話料金	通信費
【と】	
トイレットペーパー代	消耗品費（事務用品費）
同業者団体の会費	諸会費
統計資料の購入費	新聞図書費
同好会への補助費（従業員の）	福利厚生費
動産総合保険料	損害保険料
盗難で自宅や家財に損害を受け、支出が生じた	雑損控除
盗難保険料	損害保険料
灯油の購入費	水道光熱費
登録手数料	支払手数料
登録免許税	租税公課
道路占用料	地代家賃
時計の購入費	消耗品費（事務用品費）
都市計画税	租税公課
トナー代	消耗品費（事務用品費）
トラックの購入費（取得価額が30万円以上）	減価償却費
トラック便運賃	荷造運賃
取立手数料	支払手数料
取引先からお金を借りた	借入金

あ〜お
か〜こ
さ〜そ
た〜と
な〜の
は〜ほ
ま〜も
や〜よ
ら〜ん

取引先との打ち合わせの際に要した費用	打合会議費
【な】	
内容証明料金	通信費
中吊り広告費用（電車やバス車内などへ）	広告宣伝費
【に】	
日本学生支援機構（育英会）への寄附金	寄附金控除
日本赤十字社への寄附金	寄附金控除
日本ユニセフへの寄附金	寄附金控除
入院費（年間で10万円以上の出費）	医療費控除
庭木などの手入れ代	雑費
人間ドック料金（病気が発見された場合のみ）	医療費控除
【ね】	
熱帯魚の購入費（事務所や店舗でのみ使用）	福利厚生費
熱帯魚のリース料（事務所や店舗でのみ使用）	リース料
年賀状代	広告宣伝費
年度末振替	元入金
【の】	
農業で得た収入	事業所得
納品伝票代	消耗品費（事務用品費）
ノートの購入費	消耗品費（事務用品費）
のし袋の購入費	消耗品費（事務用品費）
ノベルティ商品の制作費	広告宣伝費
ノベルティ商品の配布費用	広告宣伝費
のりの購入費（梱包時に使用する）	荷造運賃
【は】	
パーキング料金	旅費交通費
パーティー（取引先主催など）参加費	接待交際費
パーティションの購入費（30万円超は固定資産）	消耗品費（事務用品費）
パート代（パートタイマーへの給与）	給料賃金
ハードディスクの購入費	消耗品費（事務用品費）

あ〜お
か〜こ
さ〜そ
た〜と
な〜の
は〜ほ
ま〜も
や〜よ
ら〜ん

廃棄物の処理費用	雑費
配偶者がいる（働いていない）	配偶者控除
配偶者が障害者	障害者控除
バイクの購入費	車両関係費
バイク便の費用	荷造運賃
配達用バイクの購入費	車両関係費
バインダーの購入費	消耗品費（事務用品費）
ハガキ代	通信費
パケット通信費	通信費
派遣社員への給与	給料賃金
バス代	旅費交通費
バス代（通院のための）	医療費控除
バスの中吊り広告代	広告宣伝費
パスポート交付手数料	旅費交通費
PASMOの購入費	旅費交通費
PASMOのチャージ料金	旅費交通費
パソコンの購入費（10万円未満）	消耗品費
パソコンの修理代	修繕費
パソコンのリース料	リース料
パッキングケースの購入費	荷造運賃
発送費用	荷造運賃
バッテリーの購入費	消耗品費（事務用品費）
発泡スチロールの購入費（荷造り用）	荷造運賃
バナー広告料	広告宣伝費
花代（事務所や店舗でのみ使用）	福利厚生費
母へ支払う給与（青色申告者のみ）	専従者給与
ハンガースタンドの購入費	消耗品費（事務用品費）
ハンガーの購入費	消耗品費（事務用品費）
パンク修理代	車両関係費
ハンコの購入費	消耗品費（事務用品費）

あ〜お
か〜こ
さ〜そ
た〜と
な〜の
は〜ほ
ま〜も
や〜よ
ら〜ん

販売した商品の代金を受け取っていない	売掛金
販売する商品を仕入れた費用	売上原価
販売促進費の支払い	広告宣伝費
【ひ】	
PR費用	広告宣伝費
ビザ取得費	旅費交通費
引っ越し代	雑費
備品の修繕	修繕費
ひもの購入費（梱包用）	荷造運賃
病院の食事代（病院から出されるもの）	医療費控除
病院の入院費	医療費控除
表札の制作費	消耗品費（事務用品費）
ビラの印刷代	広告宣伝費
ビラの配布代	広告宣伝費
ビル管理の外部委託支払い	外注工賃
便箋代	消耗品費（事務用品費）
【ふ】	
歩合給（従業員への）	給料賃金
ファイル代	消耗品費（事務用品費）
FAX、FAX用紙の購入費	消耗品費（事務用品費）
FAX料金	通信費
ファンヒーターの購入費	消耗品費（事務用品費）
フィルム代	消耗品費（事務用品費）
フィルムの現像代	雑費
福引券の印刷費	広告宣伝費
不動産鑑定士への報酬	支払報酬
不動産取得税	租税公課
不妊症の治療費用	医療費控除
部品の取り替え（機械などの固定資産）	修繕費
扶養親族（所得48万円以下に限る）がいる	扶養控除

あ〜お
か〜こ
さ〜そ
た〜と
な〜の
は〜ほ
ま〜も
や〜よ
ら〜ん

扶養親族に障害者がいる	障害者控除
振込手数料	支払手数料
プリンタの購入費（10万円未満）	消耗品費（事務用品費）
プリンタの修理費用	修繕費
プリンタのトナーやインクの購入費	消耗品費（事務用品費）
プロジェクタの購入費	消耗品費（事務用品費）
プロバイダー契約料	通信費
プロパンガス料金	水道光熱費
分割で購入した資産の利子を支払った	利子割引料
文房具の購入費	消耗品費（事務用品費）
【へ】	
ベッドの購入費	福利厚生費
弁護士への報酬	支払報酬
弁当代（会議や打ち合わせで）	打合会議費
弁理士への報酬	支払報酬
【ほ】	
法人会の会費	諸会費
包装紙の購入費（梱包用）	荷造運賃
忘年会費用	福利厚生費
防犯協会の会費	諸会費
防犯（店舗や事務所）に要した費用	雑費
ボールペンの購入費	消耗品費（事務用品費）
ポケットティッシュの制作費（社名、製品名入り）	広告宣伝費
ポケットティッシュの配布費用（社名、製品名入り）	広告宣伝費
ポスター制作費	広告宣伝費
ポストの購入費	消耗品費（事務用品費）
POPの制作費	広告宣伝費
ホワイトボード代	消耗品費（事務用品費）
【ま】	
前渡金が回収不能になった	貸倒金

あ〜お
か〜こ
さ〜そ
た〜と
な〜の
は〜ほ
ま〜も
や〜よ
ら〜ん

松葉杖の購入費	医療費控除
丸山ワクチンの購入費	医療費控除
マンションの管理費	管理費・支払報酬・雑費など
【み】	
未収金が回収不能になった	貸倒金
見本品の制作費用	広告宣伝費
見舞金（取引先への）	接待交際費
土産（おみやげ）代	接待交際費
【む】	
息子（娘）へ支払う給与（青色申告者のみ）	専従者給与
【め】	
名刺入れの購入費	消耗品費（事務用品費）
名刺の作成代	消耗品費（事務用品費）
メールマガジンの購読料	新聞図書費
メガネの購入費（白内障や緑内障の治療に限る）	医療費控除
メモリ代	消耗品費（事務用品費）
免許取得費用（従業員への）	福利厚生費
【や】	
家賃を得た	不動産所得
家賃を支払った（申告者が住んでいる住居）	事業主貸
【ゆ】	
USBメモリ代	消耗品費（事務用品費）
郵便切手（郵便料金）	通信費
ゆうメール（冊子小包）、ゆうパック料金	荷造運賃
有料駐車場、有料道路料金	旅費交通費
床の張り替え費用	修繕費
輸出関係手数料	荷造運賃
輸出諸手数料	荷造運賃
ユニホーム代（従業員の）	福利厚生費
【よ】	

あ〜お　か〜こ　さ〜そ　た〜と　な〜の　は〜ほ　ま〜も　**や〜よ**　ら〜ん

養老保険料	生命保険料控除
預金振替手数料	支払手数料
予定納税額として所得税を支払っている	予定納税額
予防接種費用（従業員の）	福利厚生費
【ら】	
ライオンズクラブ費用	接待交際費（諸会費）
来客の食事代	打合会議費
来客用の駐車場賃借料	地代家賃
ライター業で得た収入	事業所得
ライターの制作費（社名、店名入り）	広告宣伝費
【り】	
リース料金を支払った	リース料
利子税（所得税延納などにかかわる）	租税公課
リベートの支払い	広告宣伝費（接待交際費）
料金別納郵便	通信費
領収書用紙の購入費	消耗品費（事務用品費）
旅行招待費用（取引先の）	接待交際費
旅行保険料	損害保険料
【れ】	
冷暖房通風ボイラー（取得価額が30万円以上）	減価償却費
冷暖房費	水道光熱費
レジスターの購入費	消耗品費（事務用品費）
レンタカー代	旅費交通費
レンタルサーバー使用料金	通信費
【ろ】	
労働保険料の事業主負担分	法定福利費
ロータリークラブ費用	接待交際費（諸会費）
ロッカーの購入費	消耗品費（事務用品費）
6か月点検費用（車両）	車両関係費

あ～お
か～こ
さ～そ
た～と
な～の
は～ほ
ま～も
や～よ
ら～ん

監　修　　山本宏税理士事務所
　　　　　　税理士・CFP（ファイナンシャルプランナー）山本 宏
監修協力　税理士・AFP（ファイナンシャルプランナー）山本 文枝

監修者略歴

山本 宏（やまもと ひろし）　税理士・CFP（ファイナンシャルプランナー）

昭和43年生まれ。平成7年11月税理士登録。平成13年CFP（ファイナンシャルプランナー）登録。
中小企業をはじめ個人事業主、不動産オーナーの税務申告・会計指導を主な業務とするほか、中小企業オーナー、
不動産オーナー、個人資産家に対する事業承継及び相続対策を得意業務としている。
またCFP（ファイナンシャルプランナー）の知識や経験を生かした資産運用相談・不動産有効活用・財産管理・
任意後見業務など幅広く行うほか、認定支援機関として中小企業の事業再生に積極的に取り組んでいる。

山本宏税理士事務所
〒101-0052
東京都千代田区神田小川町三丁目26番地DSK神田ビル4階

フリーランス＆個人事業主のための
確定申告　改訂第19版

2007年　1月10日　初版　　　第1刷発行
2024年10月12日　第19版　　第1刷発行

監修者　　山本 宏
発行者　　片岡 巌
発行所　　株式会社技術評論社
　　　　　東京都新宿区市谷左内町21-13
　　　　　電話　03-3513-6150　販売促進部
　　　　　　　　03-3513-6185　書籍編集部
印刷／製本　日経印刷株式会社

定価はカバーに表示してあります。

カバーデザイン　小島トシノブ（NONdesign）
カバーイラスト　はしゃ
編集　小口和昭

ISBN978-4-297-14379-4 C2034
Printed in Japan

お問い合わせについて

本書に記載されている情報は令和6年9月時点のものです。最新情報は、国税庁ホームページや税務署などの関係機関にてご確認ください。
本書は情報の提供のみを目的としています。本書の運用は、お客様ご自身の責任と判断によって行ってください。本書の運用によっていかなる損害が生じても、技術評論社および執筆者、監修者はいっさいの責任を負いかねます。
本書の内容に関するご質問は、弊社ウェブサイトのお問い合わせフォームからお送りください。そのほか封書もしくはFAXでもお受けしております。
本書の内容を超えるものや、個別の税務相談、事業コンサルティングに類するご質問にはお答えすることができません。あらかじめご了承ください。

〒162-0846
東京都新宿区市谷左内町21-13
（株）技術評論社　書籍編集部
『フリーランス＆個人事業主のための確定申告　改訂第19版』質問係
Web　https://gihyo.jp/book/2024/978-4-297-14379-4
FAX　03-3513-6181

なお、訂正情報が確認された場合には、

https://gihyo.jp/book/2024/978-4-297-14379-4/support

に掲載します。